PROCESSO ALLE STREGHE DI SALEM

Scoprire la storia oscura e l'impatto duraturo della più famigerata caccia alle streghe d'America

Di

HARPER DAVIS

SOMMARIO

INTRODUZIONE

La genesi di un'isteria di massa

L'aula poco illuminata vibrava di energia nervosa, la tremolante luce delle candele proiettava ombre minacciose sui volti della folla riunita. L'aria era densa di attesa e paura, le panche di legno scricchiolavano sotto il peso di corpi ansiosi che si sporgevano in avanti per cogliere ogni parola. Davanti all'aula, l'imputata stava tremante, con gli occhi che saettavano tra i giudici dal volto severo e il pubblico ostile. Il suo cuore batteva forte mentre affrontava la triste realtà delle accuse contro di lei, i sussurri della "strega" che echeggiavano nella sala. La tensione era palpabile, un respiro collettivo trattenuto mentre il pubblico ministero si faceva avanti per presentare le prove schiaccianti. Questa scena, una delle tante ambientate durante i processi alle streghe di Salem, racchiude l'isteria e il fervore che attanagliarono la piccola comunità puritana alla fine del XVII secolo.

Per comprendere appieno la genesi di questa isteria di massa, è essenziale esplorare il contesto storico più ampio del New England del XVII secolo. Questo periodo fu caratterizzato da una struttura sociale rigida e da una fede incrollabile nel soprannaturale, profondamente radicata nel quadro religioso puritano. I puritani, fuggiti dalle persecuzioni religiose in Inghilterra, cercarono di fondare una "città su una collina" nel Nuovo Mondo, una società che fungesse da faro di purezza religiosa e rettitudine morale. Le loro vite erano governate da un rigido codice morale e da una vigilanza inflessibile contro le forze del male, che credevano fossero costantemente all'opera nel mondo. Questa paura pervasiva del Diavolo e dei suoi servi creò un terreno fertile per l'isteria della stregoneria che avrebbe poi consumato Salem.

Contesto storico

La fine del XVII secolo fu un periodo di grandi sconvolgimenti e incertezze nel New England. La regione era ancora nel tentativo di affermarsi, sia economicamente che politicamente, mentre i coloni erano alle prese con la dura realtà della vita di frontiera. La costante minaccia di attacchi dei nativi americani, unita alle sfide legate alla creazione di un'economia agricola sostenibile, hanno creato un clima di ansia e tensione. Inoltre, il panorama politico era segnato dall'instabilità, con frequenti cambiamenti nella governance coloniale e controversie su terra e risorse. In questo contesto di incertezza, la fede dei puritani nel soprannaturale e la loro paura dell'influenza del Diavolo si intensificarono.

Le credenze religiose dei puritani hanno svolto un ruolo centrale nel plasmare la loro visione del mondo e la loro risposta alle minacce percepite. Aderivano a un'interpretazione letterale della Bibbia, che informava la loro comprensione del bene e del male. Il Diavolo era un pericolo reale e presente, che cercava costantemente di corrompere e distruggere la comunità devota che cercavano di costruire. Questa fede nella presenza costante del male richiedeva che i puritani fossero sempre vigili, attenti ai segni dell'opera del Diavolo in mezzo a loro. Qualsiasi disgrazia, dalla malattia al fallimento del raccolto, poteva essere interpretata come prova dell'influenza del Diavolo, e coloro che si credeva fossero in combutta con lui erano visti come terribili minacce al benessere spirituale e fisico della comunità.

Prime credenze nella stregoneria

La stregoneria non era un concetto nuovo per i coloni del New England; faceva parte del folklore e della superstizione europea da secoli. In Europa, la caccia alle streghe e i processi erano comuni e molti dei primi coloni portarono con sé queste credenze nel Nuovo Mondo. Si credeva che le streghe stringessero patti con il Diavolo, concedendo loro poteri soprannaturali in cambio delle loro anime. Si pensava che questi poteri fossero usati per danneggiare gli altri, dal causare malattie e morte alla distruzione dei raccolti e del bestiame. La paura della stregoneria era profondamente radicata nella psiche culturale, rafforzata dagli insegnamenti religiosi e dal folklore.

Nel contesto puritano, queste convinzioni acquistarono un'intensità aggiuntiva. Il rigido codice morale dei puritani e la loro enfasi sulla purezza della comunità facevano sì che qualsiasi deviazione dalla norma fosse vista con sospetto. Le donne, in particolare, erano spesso oggetto di accuse di stregoneria, poiché ritenute più suscettibili alle tentazioni del Diavolo. Le donne single, le vedove e coloro che non si conformavano alle aspettative della società erano particolarmente vulnerabili. La fede nella stregoneria forniva una spiegazione conveniente per l'inspiegabile e un capro espiatorio per i problemi della comunità.

L'ambientazione: il villaggio di Salem

Salem Village, una piccola comunità insulare ai margini della colonia della baia del Massachusetts, era un microcosmo delle più ampie tensioni e ansie sociali dell'epoca. Il villaggio era segnato da profonde divisioni, sia economiche che sociali. C'era una spaccatura crescente tra coloro che sostenevano la chiesa indipendente del villaggio di Salem e coloro che favorivano la più prospera città di Salem. Questa divisione è stata esacerbata dalle difficoltà economiche e dalle controversie sulla terra e sulle risorse, creando un clima di sfiducia e risentimento.

L'isolamento del villaggio e la rigida mentalità puritana dei suoi abitanti contribuirono a creare un'atmosfera in cui il sospetto e la paura potevano facilmente mettere radici. Le

lamentele personali e le faide di lunga data
erano comuni e la natura affiatata della
comunità faceva sì che qualsiasi conflitto o
accusa potesse rapidamente intensificarsi. Fu
in questo ambiente instabile che emersero le
prime accuse di stregoneria, innescando una
reazione a catena che avrebbe travolto
l'intero villaggio.

La scintilla iniziale per i processi alle streghe
di Salem arrivò nell'inverno del 1692, quando
diverse ragazze del villaggio di Salem
iniziarono a mostrare comportamenti strani e
allarmanti. Si agitavano, urlavano e
contorcevano i loro corpi, sostenendo di
essere tormentati da spiriti invisibili. Il
villaggio fu gettato nel caos poiché sempre
più ragazze iniziarono a mostrare sintomi
simili. La comunità, immersa nel fervore
religioso e nella fede nel soprannaturale,
concluse rapidamente che questi

comportamenti erano il risultato della stregoneria. Le ragazze, sotto la pressione degli adulti, iniziarono a nominare coloro che ritenevano responsabili delle loro afflizioni. Queste accuse iniziali hanno preso di mira donne che già erano viste con sospetto a causa del loro status sociale, comportamento personale o conflitti passati con gli accusatori.

Man mano che le accuse si diffondevano, cresceva anche l'isteria. Paura e paranoia attanagliarono il villaggio di Salem, con i vicini che si rivoltavano contro i vicini nel disperato tentativo di sradicare le presunte streghe in mezzo a loro. Le autorità, spinte da un mix di sincera convinzione e opportunità politica, istituirono la Corte di Oyer e Terminer per gestire il crescente numero di casi. I procedimenti della corte erano caratterizzati dal fare affidamento su prove spettrali, o testimonianze secondo cui lo spirito o lo spettro dell'accusato era stato visto commettere stregoneria. Questo tipo di prove, intrinsecamente indimostrabili e basate sulle esperienze soggettive degli accusatori, hanno portato a numerose condanne ed esecuzioni.

I processi e le esecuzioni hanno avuto un impatto devastante sulla comunità. Venti persone furono giustiziate e molte altre furono imprigionate, le loro vite irrimediabilmente danneggiate dalle accuse. Le famiglie furono divise e il villaggio fu lasciato in uno stato di paura e sospetto anche molto tempo dopo la fine dei processi. L'eredità dei processi alle streghe di Salem è un inquietante ricordo dei pericoli dell'isteria di massa e del potere distruttivo della paura e della superstizione.

IL PRELUDIO AI PROCESSI

Tensioni nel villaggio di Salem

Negli anni precedenti i famigerati processi alle streghe di Salem del 1692, il villaggio di Salem era una comunità piena di tensioni e conflitti. Queste tensioni erano radicate in diversi fattori, tra cui difficoltà economiche, divisioni sociali e rancori personali di lunga data.

Il villaggio di Salem era principalmente una comunità agricola e molti dei suoi residenti lottavano per guadagnarsi da vivere. I rigidi inverni del New England e il terreno roccioso rendevano difficile l'agricoltura e i fallimenti dei raccolti erano comuni. Inoltre, il villaggio era situato alla frontiera della colonia della baia del Massachusetts, dove i coloni affrontavano continue minacce derivanti dalle incursioni dei nativi americani. Queste pressioni economiche e ambientali hanno creato un clima di ansia e incertezza.

Le divisioni sociali hanno ulteriormente esacerbato queste tensioni. Il villaggio di Salem era diviso tra coloro che sostenevano la chiesa indipendente del villaggio e coloro che rimanevano fedeli alla più prospera città di Salem. Il ministro del villaggio, il reverendo Samuel Parris, era una figura polarizzante. Le sue rigide convinzioni puritane e il suo stile autoritario alienarono molti abitanti del villaggio, portando ad aspre controversie all'interno della congregazione. Le richieste di Parris per un compenso più alto e i suoi frequenti sermoni sui pericoli della stregoneria e sull'influenza del diavolo non fecero altro che approfondire il divario.

Queste divisioni si riflettevano anche nella governance del villaggio. Il villaggio di Salem aveva un sistema unico di governo locale, con un comitato di prescelti eletto per gestire gli affari della comunità. Tuttavia, questo sistema spesso portava a lotte di potere e conflitti di interessi. I selezionatori erano responsabili dell'assunzione e del licenziamento dei ministri, della riscossione delle tasse e del mantenimento dell'ordine pubblico, ma le loro decisioni erano spesso contestate dalle fazioni all'interno della comunità.

I rancori personali e le faide familiari aggiungevano un ulteriore livello di tensione. In una comunità piccola e unita come Salem Village, i conflitti personali potrebbero rapidamente intensificarsi. Le controversie sui confini della terra, sull'eredità e su altre questioni spesso portavano ad animosità profondamente radicate. Queste lamentele personali avrebbero poi svolto un ruolo significativo nei processi alle streghe, poiché gli accusatori spesso prendevano di mira coloro con cui avevano avuto precedenti conflitti.

All'inizio degli anni novanta del Seicento, queste varie fonti di tensione avevano creato un ambiente instabile nel villaggio di Salem. Le lotte economiche, le divisioni sociali e i conflitti personali avevano eroso la fiducia e la cooperazione all'interno della comunità. Questo clima di paura e sospetto pose le basi per lo scoppio dell'isteria di massa che presto avrebbe travolto Salem.

Il ruolo della religione e del puritanesimo

La religione ha svolto un ruolo centrale nella vita dei residenti del villaggio di Salem. La comunità è stata fondata dai puritani, un gruppo di riformatori religiosi che cercavano di "purificare" la Chiesa d'Inghilterra e creare una società devota basata sulla loro rigorosa interpretazione della Bibbia. I puritani credevano di essere impegnati in una battaglia costante contro le forze del male e si consideravano un popolo eletto incaricato di creare una comunità cristiana modello nel Nuovo Mondo.

Il puritanesimo era caratterizzato dall'enfasi su rigidi codici morali, disciplina religiosa e una fede incrollabile nella presenza del Diavolo. I Puritani credevano che il Diavolo cercasse sempre di corrompere e distruggere la loro comunità devota.

Questa fede nella presenza costante del male richiedeva loro di essere sempre vigili, attenti ai segni dell'opera del Diavolo in mezzo a loro. Qualsiasi disgrazia, dalla malattia al fallimento del raccolto, poteva essere interpretata come prova dell'influenza del Diavolo, e coloro che si credeva fossero in combutta con lui erano visti come terribili minacce al benessere spirituale e fisico della comunità.

I servizi religiosi erano una parte centrale della vita quotidiana nel villaggio di Salem. Ogni domenica gli abitanti del villaggio andavano in chiesa, dove ascoltavano lunghi sermoni e partecipavano alle preghiere comunitarie. Questi servizi rafforzarono le convinzioni dei puritani e fornirono un senso di scopo e identità condivisi. Tuttavia, servivano anche come piattaforma per i ministri per affrontare questioni sociali e morali, spesso avvertendo dei pericoli della stregoneria e dell'influenza del Diavolo.

Il ministro del villaggio di Salem, il reverendo Samuel Parris, fu particolarmente influente nel plasmare le credenze religiose della comunità. Parris era un fervente sostenitore dell'esistenza delle streghe e dell'opera del diavolo, e predicava spesso su questi argomenti. I suoi sermoni spesso enfatizzavano la necessità di vigilanza e i pericoli del lassismo morale, rafforzando le paure e i sospetti degli abitanti del villaggio.

Anche la fede dei puritani nella predestinazione, l'idea che Dio avesse già scelto chi sarebbe stato salvato e chi sarebbe stato dannato, contribuì al clima di paura e sospetto. Questa convinzione creava un senso di insicurezza e ansia tra gli abitanti del villaggio, poiché cercavano costantemente segni della propria salvezza o dannazione. La presenza delle streghe, che si credeva avessero stretto patti con il Diavolo, era vista come una minaccia diretta alla purezza spirituale della comunità e un segno del dispiacere di Dio.

Le credenze religiose dei puritani influenzarono anche il loro sistema legale. Le leggi della colonia della Baia del Massachusetts erano basate sulla Bibbia e gli atti di stregoneria erano considerati reati capitali. Il codice legale della colonia prevedeva severe sanzioni per coloro che venivano giudicati colpevoli di praticare la stregoneria, riflettendo la convinzione dei puritani nella gravità di questo crimine. I procedimenti legali durante i processi alle streghe di Salem furono fortemente influenzati dalle credenze religiose, con giudici e giurati che si affidavano ai principi biblici e alla testimonianza di testimoni che affermavano di aver visto il Diavolo o i suoi agenti.

Il ruolo della religione e del puritanesimo nel villaggio di Salem non può essere sopravvalutato. Le rigide convinzioni religiose degli abitanti del villaggio e la loro costante paura dell'influenza del Diavolo crearono un clima di sospetto e paranoia. Queste credenze fornirono il quadro per comprendere e interpretare gli strani eventi che iniziarono a svolgersi nel villaggio, ponendo le basi per l'isteria di massa che avrebbe portato ai processi alle streghe.

Le prime accuse

I processi alle streghe di Salem iniziarono nell'inverno del 1692, quando diverse ragazze del villaggio di Salem iniziarono a mostrare comportamenti strani e allarmanti. Questi comportamenti includevano attacchi, convulsioni e contorsioni, nonché accuse di essere tormentato da spiriti invisibili. Le ragazze colpite includevano Betty Parris, la figlia di nove anni del reverendo Samuel Parris, e sua cugina Abigail Williams. I loro sintomi si diffusero rapidamente ad altre ragazze del villaggio, tra cui Ann Putnam Jr., Mercy Lewis e Mary Walcott.

La comunità fu gettata nel caos mentre sempre più ragazze cominciavano a mostrare sintomi simili. Gli abitanti del villaggio, immersi nel fervore religioso e nella fede nel soprannaturale, conclusero rapidamente che questi comportamenti erano il risultato della stregoneria. Le ragazze afflitte, sotto la pressione degli adulti, iniziarono a nominare coloro che credevano fossero responsabili delle loro afflizioni. Queste accuse iniziali hanno preso di mira donne che già erano viste con sospetto a causa del loro status sociale, comportamento personale o conflitti passati con gli accusatori.

Le prime tre donne ad essere accusate di stregoneria furono Tituba, Sarah Good e Sarah Osborne. Tituba era una schiava dei Caraibi che lavorava nella famiglia del reverendo Parris. Il suo status di outsider e l'associazione con le pratiche popolari l'hanno resa un facile bersaglio per le accuse. Sarah Good era una donna povera che spesso chiedeva cibo e riparo, e la sua personalità irritante l'aveva resa impopolare nel villaggio. Sarah Osborne era un'anziana vedova coinvolta in una controversia legale con la famiglia Putnam, una delle famiglie più influenti del villaggio di Salem.

Le accuse contro queste donne erano basate su una combinazione di prove spettrali, prove fisiche e confessioni ottenute sotto costrizione. Le prove spettrali, che implicavano la testimonianza che lo spirito o lo spettro dell'accusato era stato visto commettere atti di stregoneria, erano una componente chiave dei processi. Questo tipo di prova era intrinsecamente non dimostrabile e si basava sulle esperienze soggettive degli accusatori. A sostegno delle accuse sono state utilizzate anche prove fisiche, come la presenza di "segni di streghe" sui corpi degli imputati.

La confessione di Tituba ha avuto un ruolo significativo nell'escalation dell'isteria. Sotto forte pressione e forse temendo per la sua vita, Tituba confessò di praticare la stregoneria e descrisse in vivido dettaglio le sue interazioni con il Diavolo. Affermò di essere stata avvicinata dal Diavolo e di aver visto altre streghe nel villaggio. La confessione di Tituba ha confermato le peggiori paure degli abitanti del villaggio e ha dato credibilità alle accuse, portando a un'ondata di nuove accuse contro altri abitanti del villaggio.

Le prime accuse e confessioni innescano una reazione a catena, con sempre più persone accusate di stregoneria. La paura e la paranoia si diffusero rapidamente, poiché gli abitanti del villaggio iniziarono a sospettare dei loro vicini e persino dei loro stessi familiari. Le autorità, ansiose di sradicare le presunte streghe e ristabilire l'ordine, istituirono la Corte di Oyer e Terminer per gestire il crescente numero di casi.

I procedimenti della corte sono stati caratterizzati dalla dipendenza dalle prove spettrali e dalle testimonianze delle ragazze colpite. I giudici, influenzati dalle proprie convinzioni religiose e dall'isteria prevalente, si affrettarono a condannare gli accusati di stregoneria. I processi hanno portato all'esecuzione di venti persone e all'incarcerazione di molte altre, lasciando un'eredità duratura di paura e sospetto nel villaggio di Salem.

Le prime accuse di stregoneria nel villaggio di Salem furono guidate da una combinazione di fattori sociali, economici e personali. Gli obiettivi iniziali erano donne già emarginate o viste con sospetto, e l'uso di prove spettrali e confessioni forzate alimentarono ulteriormente l'isteria. Queste prime accuse gettarono le basi per il panico diffuso e l'isteria di massa che avrebbero caratterizzato i processi alle streghe di Salem.

GLI ACCUSATI E GLI ACCUSATORE

Figure chiave nei processi alle streghe

I processi alle streghe di Salem furono caratterizzati dal coinvolgimento di diverse figure chiave le cui azioni e decisioni influenzarono in modo significativo il corso degli eventi. Tra questi c'erano i giudici, gli accusatori e gli imputati, ciascuno dei quali svolgeva un ruolo fondamentale nel dramma in corso.

Una delle figure più importanti era il reverendo Samuel Parris, il ministro del villaggio di Salem. L'influenza di Parris fu sostanziale, poiché i suoi sermoni e le sue convinzioni personali contribuirono ad alimentare l'isteria. Sua figlia Betty Parris e la nipote Abigail Williams furono tra le prime a mostrare strani comportamenti, che Parris attribuì rapidamente alla stregoneria. La sua zelante predicazione sui pericoli del Diavolo e della stregoneria diede il tono alla risposta della comunità.

Un'altra figura chiave fu il reverendo Cotton Mather, un rispettato ministro di Boston che scrisse ampiamente sulla stregoneria. Mather ha sostenuto i processi e l'uso di prove spettrali, anche se in seguito ha espresso preoccupazione per il procedimento. I suoi scritti e il sostegno pubblico hanno dato credibilità ai processi e hanno influenzato l'opinione pubblica.

Il giudice Samuel Sewall era uno dei giudici che presiedevano i processi. In seguito divenne famoso per essere stato uno dei pochi a pentirsi pubblicamente per il suo ruolo nei processi. Nel 1697, Sewall presentò pubbliche scuse, riconoscendo l'ingiustizia dei processi e chiedendo perdono. Il suo rimorso e la successiva difesa della riforma hanno evidenziato i conflitti morali ed etici che circondano i processi.

Un altro giudice influente era Samuel Phips, il governatore del Massachusetts. Phips inizialmente sostenne l'istituzione della Corte di Oyer e Terminer, che supervisionò i processi, ma in seguito sciolse la corte man mano che l'isteria cresceva e i processi diventavano più controversi. Le azioni di Phips riflettevano il crescente disagio e le critiche nei confronti dei processi sia all'interno della colonia che dall'Inghilterra.

Profili degli imputati

Gli imputati nei processi alle streghe di Salem provenivano da contesti diversi, ma spesso condividevano tratti comuni che li rendevano vulnerabili al sospetto e all'accusa. Molte erano donne, in particolare quelle che non si conformavano alle aspettative della società o che erano in qualche modo emarginate. I seguenti profili illustrano le diverse esperienze degli imputati:

Tituba fu uno dei primi ad essere accusato. Una donna schiava dei Caraibi, Tituba lavorava nella famiglia del reverendo Parris. Il suo status di outsider e la sua associazione con le pratiche popolari la rendevano un bersaglio facile. Sotto pressione, confessò la stregoneria e fornì descrizioni elaborate delle sue presunte attività con il Diavolo, cosa che alimentò l'isteria.

Sara Buono fu un'altra delle prime vittime dei processi alle streghe. Una donna indigente che spesso chiedeva cibo e riparo, Sarah Good era nota per la sua personalità irritante. Il suo status sociale e il suo comportamento la rendevano un comodo capro espiatorio. Nonostante sostenesse la sua innocenza, fu condannata e giustiziata.

Rebecca Infermiera, al contrario, era una donna anziana molto rispettata, nota per la sua pietà e carità. La sua accusa ha scioccato molti nella comunità, poiché lei non era un obiettivo ovvio. Tuttavia, la sua natura schietta e i conflitti passati con gli accusatori hanno avuto un ruolo nella sua accusa. Nonostante il forte sostegno di alcuni abitanti del villaggio, alla fine fu condannata e impiccata.

John Proctor era un importante agricoltore e proprietario di una taverna che si oppose apertamente ai processi. La sua schiettezza e gli sforzi per denunciare l'assurdità delle accuse lo hanno reso un bersaglio. Il processo e l'esecuzione di Proctor hanno evidenziato il pericolo di mettere in dubbio la validità del procedimento e il potere dell'isteria di massa.

Giles Corey, un anziano contadino, si rifiutò di presentare una dichiarazione quando venne accusato di stregoneria. Di conseguenza, è stato sottoposto a pressioni, una forma di tortura in cui pesanti pietre gli venivano poste sul petto per forzare una supplica. Corey rimase ribelle e la sua morte divenne il simbolo delle misure estreme adottate durante i processi.

Le motivazioni degli accusatori

Comprendere le motivazioni dietro le azioni degli accusatori è fondamentale per comprendere le dinamiche dei processi alle streghe di Salem. Diversi fattori hanno contribuito al motivo per cui gli individui hanno formulato accuse di stregoneria, che vanno dalla genuina fede nel soprannaturale alle vendette personali e alle pressioni sociali.

Una delle motivazioni principali era il fervore religioso e la paura del Diavolo. Il sistema di credenze puritane enfatizzava la costante minaccia del Diavolo e dei suoi agenti, e molti accusatori credevano sinceramente di compiere l'opera di Dio identificando ed eliminando le streghe. Questa paura veniva spesso alimentata da leader religiosi come il reverendo Parris, i cui sermoni rafforzavano l'idea che la comunità fosse sotto assedio da parte di forze malevole.

Anche i rancori e i conflitti personali hanno giocato un ruolo significativo. Molte accuse erano rivolte a soggetti con i quali gli accusatori avevano precedenti litigi o faide in corso. Dispute fondiarie, conflitti ereditari e rancori personali spesso trovavano sfogo nelle accuse di stregoneria. Questo utilizzo delle prove per regolare i conti e rimuovere i rivali ha messo in luce il lato più oscuro della natura umana e il potere della gelosia e del risentimento.

Anche fattori economici e sociali hanno influenzato gli accusatori. Gli accusati erano spesso persone ai margini della società, come i poveri, gli anziani e le donne che non si conformavano ai ruoli tradizionali. Accusare questi individui potrebbe rimuovere gli emarginati sociali o gli indesiderabili dalla comunità, rafforzando così le norme e le gerarchie sociali. In alcuni casi, accusare un vicino di stregoneria potrebbe anche fornire vantaggi materiali, come l'acquisizione della sua terra o proprietà.

La pressione dei pari e il desiderio di attenzione o convalida erano ulteriori motivatori. Il gruppo iniziale di ragazze afflitte ha guadagnato notevole attenzione e potere attraverso le loro accuse, e questa dinamica probabilmente ha influenzato altre a unirsi. L'intenso controllo e la paura di essere accusate hanno anche spinto le persone a conformarsi e a partecipare alle accuse.

Dinamiche sociali e rimostranze personali

Le dinamiche sociali del villaggio di Salem hanno giocato un ruolo cruciale nei processi alle streghe, con rimostranze personali e faide di lunga data che hanno esacerbato la situazione. Comprendere queste dinamiche fornisce informazioni su come e perché i processi si sono intensificati in questo modo.

Il Salem Village era caratterizzato da una comunità affiatata in cui tutti conoscevano gli affari degli altri. Questa intimità ha generato un alto livello di controllo e giudizio, con il comportamento personale e la posizione sociale costantemente valutati. Qualsiasi deviazione dalla norma potrebbe attirare sospetti e pettegolezzi, creando un terreno fertile per le accuse.

Il villaggio era diviso anche da significative disparità socioeconomiche. Da un lato c'erano le famiglie più ricche che vivevano più vicino al centro del villaggio e avevano maggiore influenza negli affari della comunità.

Dall'altro lato c'erano i residenti più poveri ed emarginati che vivevano in periferia e spesso faticavano ad arrivare a fine mese. Queste divisioni economiche spesso si allineavano con altre divisioni sociali e politiche, come il sostegno alla chiesa del villaggio rispetto a quella della città, creando fazioni all'interno della comunità.

Le lamentele personali spesso sfociavano in accuse di stregoneria. Ad esempio, la famiglia Putnam, una delle famiglie più influenti del villaggio di Salem, ebbe numerose controversie sulla terra e conflitti personali con i vicini. Ann Putnam Jr., una delle ragazze colpite, ha svolto un ruolo significativo nell'accusare molte persone che si erano opposte alla sua famiglia. Questo utilizzo delle prove per regolare i conti e rimuovere i rivali ha messo in luce il lato più oscuro della natura umana e il potere della gelosia e del risentimento.

Anche le dinamiche di genere hanno avuto un ruolo. Le donne, in particolare quelle che erano schiette, indipendenti o non conformi ai ruoli tradizionali, avevano maggiori probabilità di essere accusate. La struttura patriarcale della società puritana collocava le donne in ruoli subordinati e coloro che sfidavano questa gerarchia erano visti con sospetto. Ciò includeva le donne vedove, single o altrimenti fuori dal controllo di un capofamiglia maschio.

Il ruolo dei bambini e delle ragazze nelle sperimentazioni è un altro aspetto importante delle dinamiche sociali. Le prime accusatrici erano giovani ragazze i cui comportamenti e accuse venivano presi sul serio dagli adulti della comunità. Questa dinamica è in parte spiegata dalla fede puritana nell'innocenza e nella purezza dei bambini, che rendeva più credibili le loro affermazioni di essere tormentati dalle streghe. Tuttavia, il potere e l'attenzione che queste ragazze hanno ricevuto probabilmente hanno influenzato la loro continua partecipazione e l'escalation delle accuse.

Anche l'intensa pressione a conformarsi e la paura di essere accusati hanno avuto un ruolo nei processi. Man mano che l'isteria si diffondeva, le persone si sentivano obbligate a unirsi alle accuse per evitare loro stessi sospetti. Ciò creò un ciclo autoalimentato di paura e accusa, in cui il dissenso o lo scetticismo erano visti come prova di complicità con la stregoneria.

INIZIANO I PROCESSI

La Corte di Oyer e Terminer

I processi alle streghe di Salem furono presieduti dalla Corte di Oyer e Terminer, un tribunale speciale istituito nel maggio 1692 dal governatore William Phips della colonia della baia del Massachusetts. Il termine "Oyer e Terminer" deriva dal francese antico e significa "ascoltare e determinare". Questo tribunale è stato creato per gestire il numero crescente di accuse e per accelerare i procedimenti legali, poiché la colonia era sopraffatta dall'enorme volume di casi.

La corte era composta da diverse figure di spicco, tra cui il vicegovernatore William Stoughton, che servì come giudice capo,

Samuel Sewall e altri magistrati rispettati. Stoughton era noto per il suo comportamento severo e la fede incrollabile nell'esistenza delle streghe, che influenzò pesantemente i procedimenti della corte. L'istituzione di questo tribunale fu ritenuta necessaria per affrontare la crisi e ristabilire l'ordine, ma segnò anche l'inizio di un periodo di intensa attività giudiziaria e di numerose esecuzioni.

La prima sessione della Corte di Oyer e Terminer si tenne a Salem Town il 2 giugno 1692. La corte operava secondo il sistema di common law inglese, ma la natura delle accuse e la minaccia percepita di stregoneria portarono a deviazioni dalle pratiche legali standard. . L'urgenza di identificare e punire le streghe ha portato a un tribunale più concentrato sulla giustizia rapida che sulla garanzia di processi equi.

Le sessioni del tribunale erano eventi pubblici, che attiravano grandi folle di spettatori ansiosi di assistere ai processi. L'atmosfera era carica di paura e attesa, poiché gli abitanti del villaggio speravano che i processi avrebbero liberato la loro comunità dalle presunte streghe responsabili delle loro disgrazie. Questo interesse e coinvolgimento pubblico alimentarono ulteriormente l'isteria, poiché l'ansia collettiva e il desiderio di risoluzione della comunità esercitavano un'enorme pressione sulla corte affinché emettesse verdetti di colpevolezza.

Procedure giudiziarie e prove

Le procedure giudiziarie dei processi alle streghe di Salem furono contrassegnate da numerose deviazioni significative dalle pratiche legali standard, guidate dall'intensa paura della stregoneria e dal desiderio di risoluzioni rapide. L'approccio della corte alle prove e alle testimonianze è stato particolarmente degno di nota per il suo ricorso a metodi dubbi e controversi.

Uno degli aspetti più controversi degli studi è stato l'uso di prove spettrali. Questo tipo di prova implicava la testimonianza che lo spirito o lo spettro dell'accusato fosse stato visto commettere atti di stregoneria, spesso mentre l'accusato si trovava fisicamente altrove. Le prove spettrali erano intrinsecamente soggettive e non dimostrabili, basandosi sulle esperienze personali e sulle visioni degli accusatori. Nonostante la sua natura dubbia, le prove spettrali furono considerate valide nei processi di Salem, in gran parte a causa dell'influenza delle credenze religiose e dell'urgente necessità di identificare le streghe.

Sono state utilizzate anche prove fisiche, sebbene spesso fossero altrettanto discutibili. La corte esaminò i corpi degli accusati alla ricerca di "segni di streghe", come insoliti nei o imperfezioni, che si credeva fossero segni di un patto con il Diavolo. Questi segni erano considerati prova di stregoneria, anche se spesso erano caratteristiche fisiche comuni. L'esame per i segni delle streghe è stato invasivo e umiliante, aggiungendosi ulteriormente al trauma vissuto dall'imputato.

Le confessioni hanno svolto un ruolo fondamentale nei processi, con molti individui accusati che hanno confessato la stregoneria sotto intensa pressione o tortura. Le confessioni erano viste come la prova più schiacciante, poiché fornivano l'ammissione diretta di colpevolezza. Tuttavia, i metodi utilizzati per ottenere queste confessioni erano altamente coercitivi. La paura dell'esecuzione o la speranza di clemenza hanno portato molti a confessare il falso, coinvolgendo altri nel processo. Queste confessioni hanno alimentato il ciclo di accuse e rafforzato la validità dei processi agli occhi della comunità.

La testimonianza dei testimoni è stata un'altra componente chiave del processo giudiziario. Le ragazze colpite, i cui strani comportamenti avevano scatenato l'isteria iniziale, furono tra le principali testimoni. Alla loro testimonianza è stato dato un peso significativo, nonostante la loro giovane età e la mancanza di prove corroboranti. La disponibilità della corte ad accettare le testimonianze delle ragazze colpite senza un esame rigoroso rifletteva la paura pervasiva della stregoneria e il desiderio di una giustizia rapida.

La rappresentanza legale degli imputati era minima, con poche opportunità di difesa. La presunzione di colpevolezza era forte e spesso l'onere della prova ricadeva sugli imputati per dimostrare la propria innocenza. Ciò ha invertito il consueto principio legale di "innocente fino a prova contraria" e ha reso estremamente difficile per l'accusato organizzare una difesa efficace.

Il ruolo delle prove spettrali

Le prove spettrali erano un elemento centrale e molto controverso dei processi alle streghe di Salem. Si trattava di testimoniare che lo spirito o lo spettro dell'accusato appariva agli afflitti e causava danni, anche se l'imputato era fisicamente altrove. Questo tipo di prove si basava sulla convinzione che le streghe avessero il potere di proiettare i loro spiriti e tormentare a distanza le loro vittime.

L'uso di prove spettrali era radicato nel sistema di credenze puritane, secondo il quale il Diavolo e i suoi agenti erano costantemente all'opera per corrompere e distruggere la comunità divina. I puritani credevano che il Diavolo potesse manipolare e possedere gli individui e che le streghe, in quanto sue servitrici, potessero usare mezzi soprannaturali per danneggiare gli altri. Questa convinzione faceva sì che le prove spettrali sembrassero plausibili e persino convincenti per molti nella comunità.

L'accettazione delle prove spettrali nei processi di Salem fu fortemente influenzata da figure influenti come Cotton Mather e i giudici della Corte di Oyer e Terminer. Mather, un eminente ministro, scrisse ampiamente sulla stregoneria e sostenne l'uso di prove spettrali, sostenendo che il Diavolo poteva usare gli spettri di persone innocenti per creare confusione e proteggere le vere streghe. Questo argomento fornì una giustificazione teologica per accettare l'evidenza spettrale, nonostante la sua intrinseca inaffidabilità.

Le ragazze colpite, tra cui Betty Parris, Abigail Williams e Ann Putnam Jr., erano le principali fonti di prove spettrali. Affermavano di vedere gli spettri degli accusati tormentarli e le loro drammatiche testimonianze erano spesso rese con convulsioni, attacchi e altre manifestazioni fisiche. Queste esibizioni furono convincenti per la corte e il pubblico, rafforzando la fiducia nella realtà degli attacchi spettrali.

Nonostante il suo uso diffuso, le prove spettrali non sono state prive di critiche. Alcune figure contemporanee, come Aumento Mather, il padre di Cotton Mather, espressero preoccupazioni sulla validità delle prove spettrali. Aumenta Mather ha sostenuto che era meglio che dieci sospette streghe scappassero piuttosto che una persona innocente fosse condannata, sottolineando la necessità di prove più affidabili. Tuttavia, queste voci di dissenso sono state spesso oscurate dall'isteria prevalente e dall'urgenza di affrontare la minaccia percepita.

La dipendenza dalle prove spettrali ha avuto conseguenze significative per gli imputati. Era impossibile confutare o confutare, poiché si basava su esperienze e visioni soggettive. Gli imputati non avevano mezzi per difendersi da tali affermazioni intangibili e non verificabili. Ciò portò a numerose condanne basate esclusivamente sulle prove spettrali, contribuendo all'ingiustizia complessiva dei processi.

L'eventuale rifiuto delle prove spettrali fu un punto di svolta nei processi alle streghe di Salem. Nell'ottobre del 1692, quando l'isteria cominciò a placarsi e i dubbi sulla legittimità dei processi aumentarono, l'uso delle prove spettrali fu sempre più messo in discussione. Il governatore Phips intervenne, sciogliendo la Corte di Oyer e Terminer e istituendo una nuova corte che non accettava più prove spettrali. Questo cambiamento ha segnato l'inizio della fine dei processi e il passaggio a procedure giudiziarie più razionali e basate sull'evidenza.

Processi importanti e verdetti

I processi alle streghe di Salem videro numerose persone portate davanti alla corte, molte delle quali affrontarono conseguenze disastrose. I processi di alcune figure chiave si rivelano particolarmente significativi per l'attenzione che hanno ricevuto e per l'impatto che hanno avuto sulla comunità.

Uno dei primi e più importanti processi fu quello di Bridget Bishop, che fu la prima persona ad essere giustiziata durante i processi alle streghe di Salem. Bishop era una vedova che possedeva una taverna ed era nota per il suo comportamento non convenzionale. È stata accusata di stregoneria da più persone, comprese le ragazze afflitte che affermavano di vedere il suo spettro tormentarle. Nonostante le sue proteste di innocenza, Bishop fu dichiarata colpevole e impiccata il 10 giugno 1692. La sua esecuzione costituì un precedente per i processi che seguirono e dimostrò la determinazione della corte a punire coloro ritenuti colpevoli di stregoneria.

Un altro processo significativo è stato quello di Rebecca Nurse, un'anziana e stimata membro della comunità. Il processo dell'infermiera è stato notevole perché ha evidenziato le profonde divisioni e l'impatto delle lamentele personali all'interno del villaggio di Salem. Nonostante la sua reputazione di pietà e carità, l'infermiera fu accusata dai suoi vicini, inclusa la famiglia Putnam, che aveva controversie di lunga data con lei. L'assoluzione iniziale dell'infermiera è stata annullata dopo che le ragazze colpite hanno rinnovato le loro accuse, portando alla sua condanna ed esecuzione. Il processo e l'esecuzione dell'infermiera hanno scioccato molti nella comunità e hanno sollevato dubbi sull'equità e la legittimità del procedimento.

Anche il processo a John Proctor è stato molto significativo. Proctor era un agricoltore di successo e proprietario di una taverna che criticò apertamente i processi e la validità delle accuse. La sua schietta opposizione lo rese un bersaglio e fu accusato di stregoneria insieme a sua moglie Elisabetta. Il processo di Proctor è stato caratterizzato dai suoi tentativi di smascherare l'assurdità delle accuse e la natura coercitiva delle confessioni. Nonostante i suoi sforzi, Proctor fu condannato e impiccato il 19 agosto 1692. Il suo caso illustrava i pericoli del dissenso e la misura in cui l'isteria aveva messo a tacere l'opposizione razionale.

Giles Corey, un anziano contadino, ha dovuto affrontare un destino unico e brutale. Accusato di stregoneria, Corey si rifiutò di presentare una dichiarazione, una tattica intesa a impedire che la sua proprietà venisse sequestrata dallo Stato. Di conseguenza, è stato sottoposto a pressioni, una forma di tortura in cui pesanti pietre gli venivano poste sul petto per forzare una supplica. Corey rimase ribelle, pronunciando le famose parole "Più peso" mentre sopportava la tortura. Morì senza presentare alcuna dichiarazione e la sua morte divenne un simbolo di resistenza al procedimento ingiusto.

Un altro momento cruciale è stato il processo contro Tituba, la schiava dei Caraibi. La confessione di Tituba di praticare la stregoneria e le sue descrizioni dettagliate delle sue interazioni con il Diavolo alimentarono l'isteria iniziale. La sua testimonianza coinvolse altri e fornì un quadro per comprendere le presunte attività di stregoneria a Salem. Il destino di Tituba fu diverso da molti altri, poiché alla fine fu rilasciata dal carcere e venduta a un nuovo proprietario. Il suo caso ha evidenziato il ruolo della coercizione e l'impatto del suo status di emarginata sul procedimento.

Il caso di George Burroughs, ex ministro del Salem Village, è stato significativo a causa della natura drammatica del suo processo e della sua esecuzione. Burroughs fu accusato di essere il capobanda delle streghe e fu riportato a Salem dal Maine per essere processato. Nonostante la sua articolata difesa e la recitazione del Padre Nostro durante la sua esecuzione - qualcosa di cui si credeva che le streghe fossero incapaci - Burroughs fu impiccato il 19 agosto 1692. La sua esecuzione fu segnata da dubbi e proteste pubbliche, contribuendo al crescente disagio riguardo alla legittimità dei processi.

Questi importanti processi e verdetti riflettono l'intensa paura e l'isteria che attanagliarono Salem durante questo periodo. Il successivo scioglimento della Corte di Oyer e Terminer e il rifiuto delle prove spettrali segnarono un punto di svolta nei processi, poiché la comunità iniziò a fare i conti con le ingiustizie commesse. L'eredità di questi processi serve da potente promemoria dei pericoli dell'isteria di massa e dell'importanza del giusto processo e della razionalità nel sistema giudiziario.

IL RUOLO DELLE PERSONALITÀ CHIAVE

Reverendo Samuel Parris

Il reverendo Samuel Parris fu una figura centrale nei processi alle streghe di Salem e la sua influenza giocò un ruolo significativo negli eventi che si svolsero. Nato a Londra nel 1653, Parris si trasferì nel Massachusetts e divenne ministro del Salem Village nel 1689. Il suo mandato fu segnato da conflitti e controversie, in gran parte dovuti alle sue rigide convinzioni puritane e al suo stile autoritario.

Il coinvolgimento di Parris nei processi alle streghe iniziò quando sua figlia, Betty Parris, e sua nipote, Abigail Williams, iniziarono a mostrare strani comportamenti e attacchi all'inizio del 1692. Questi comportamenti includevano urla, contorsioni e accuse di essere stati morsi e pizzicati da forze invisibili. Parris interpretò rapidamente questi sintomi come segni di stregoneria, una conclusione in linea con le sue ferventi convinzioni religiose. Ha cercato aiuto da medici e ministri locali, che hanno confermato i suoi sospetti.

La paura e il sospetto che Parris nutriva nei confronti della stregoneria erano profondamente radicati nella sua visione del mondo puritana. I puritani credevano che il Diavolo fosse costantemente all'opera per minare la loro comunità devota, e la stregoneria era vista come una manifestazione di questa influenza malevola. I sermoni di Parris si concentravano spesso sui pericoli del Diavolo e sulla necessità di vigilare contro i suoi agenti. Questo messaggio risuonava nella sua congregazione, che stava già sperimentando tensioni sociali ed economiche che accrescevano il loro senso di vulnerabilità.

Man mano che le accuse di stregoneria si diffondevano, il ruolo di Parris come leader religioso lo pose al centro della crisi. Fornì una giustificazione spirituale e morale per i processi, rafforzando l'idea che sradicare le streghe fosse un mandato divino. Il suo sostegno ai processi e il suo appoggio alle testimonianze delle ragazze colpite hanno dato credibilità alle accuse e hanno incoraggiato altri a farsi avanti con i propri sospetti.

L'influenza di Parris si estendeva oltre i suoi sermoni. È stato attivamente coinvolto nel procedimento legale, partecipando alle udienze del tribunale e testimoniando contro l'accusato. La sua presenza e partecipazione hanno aggiunto peso alle accuse, poiché il suo status di ministro aveva una significativa autorità. La testimonianza di Parris spesso si basava sulle sue esperienze e osservazioni personali, rafforzando ulteriormente la narrazione di una comunità assediata dalla stregoneria.

Tuttavia, le azioni di Parris non furono prive di controversie. Alcuni membri della comunità iniziarono a mettere in dubbio le sue motivazioni e la legittimità dei processi. Sono emerse accuse di vendette personali e interessi personali, poiché Parris aveva un rapporto controverso con molti degli accusati e le loro famiglie. Il suo ruolo nei processi ha esacerbato le divisioni esistenti all'interno del villaggio di Salem, portando ad un aumento della tensione e del conflitto.

Con il progredire dei processi e l'aumento del numero degli imputati, il sostegno iniziale a Parris iniziò a diminuire. Sono emersi dubbi sulla validità delle accuse e sull'uso di prove spettrali, portando a un maggiore controllo sul ruolo di Parris. Nel 1697, dopo che l'isteria si fu calmata, Parris dovette affrontare crescenti critiche e opposizione da parte della sua congregazione. Ciò culminò con le sue dimissioni dal suo incarico di ministro del villaggio di Salem nel 1697. Si allontanò da Salem e trascorse il resto della sua vita in relativa oscurità.

Il giudice Samuel Sewall

Il giudice Samuel Sewall è stato uno dei giudici che hanno presieduto i processi alle streghe di Salem e il suo ruolo nel procedimento è stato sia influente che complesso. Nato in Inghilterra nel 1652, Sewall emigrò nel Massachusetts e divenne una figura di spicco nella colonia, ricoprendo varie posizioni giudiziarie e politiche.

Il coinvolgimento di Sewall nei processi alle streghe iniziò quando fu nominato come uno dei giudici della Corte di Oyer e Terminer nel 1692. Questa corte fu istituita appositamente per gestire il crescente numero di casi di stregoneria, e la partecipazione di Sewall sottolineò la serietà con cui la colonia la leadership si è avvicinata alla crisi. In qualità di giudice, Sewall era responsabile dell'ascolto delle testimonianze, della valutazione delle prove e dell'emissione dei verdetti.

Durante i processi, Sewall ha aderito ai quadri legali e religiosi prevalenti che giustificavano il perseguimento delle sospette streghe. Accettò l'uso di prove spettrali, che permettevano agli afflitti di testimoniare che gli spiriti degli accusati li tormentavano. Questo tipo di prova era controversa e si basava in gran parte sulle esperienze soggettive degli accusatori. Nonostante la sua natura dubbia, le prove spettrali hanno svolto un ruolo significativo nel garantire le condanne.

Le decisioni e i giudizi di Sewall durante i processi furono influenzati dalle sue convinzioni puritane. Lui, come molti dei suoi contemporanei, credeva nella realtà della stregoneria e nella presenza degli agenti del diavolo in mezzo a loro. Questo sistema di credenze ha plasmato la sua percezione dell'accusato e l'urgenza di sradicare la stregoneria dalla comunità. Il suo ruolo di giudice non era solo legale ma anche morale e religioso, poiché si considerava difensore della giustizia divina.

Tuttavia, la prospettiva di Sewall sui processi iniziò a cambiare man mano che l'isteria cresceva e il numero delle esecuzioni aumentava. La svolta per Sewall arrivò dopo l'esecuzione di George Burroughs, un ex ministro accusato di essere il capo delle streghe. La difesa articolata di Burroughs e la sua capacità di recitare la preghiera del Signore durante la sua esecuzione - un'impresa ritenuta impossibile per una strega - sollevarono dubbi significativi nella mente di Sewall. Il crescente disagio tra il pubblico e il crescente scetticismo sulla validità dei processi influenzarono ulteriormente il suo cambiamento di opinioni.

Nel 1697, Sewall fece una pubblica confessione e si scusò per il suo ruolo nei processi, un atto che lo distinse da molti dei suoi pari. Durante una giornata di digiuno e di ricerca interiore, si presentò davanti alla congregazione della South Church di Boston e riconobbe la sua partecipazione alle condanne ed esecuzioni errate. Ha espresso profondo rimorso e ha chiesto perdono a Dio e alla comunità. Questo atto di pentimento fu un momento significativo, poiché mise in luce i conflitti morali ed etici che i processi avevano generato.

L'eredità di Sewall va oltre il suo coinvolgimento nei processi alle streghe. Ha continuato a ricoprire cariche pubbliche e i suoi scritti e le sue azioni successive riflettevano un impegno per la giustizia e la riforma. Divenne un sostenitore dei diritti dei nativi americani e si oppose alla tratta degli schiavi, dimostrando una più ampia preoccupazione per le questioni sociali ed etiche. Le scuse pubbliche di Sewall per il suo ruolo nei processi alle streghe e la sua successiva difesa della giustizia e della riforma sottolineano la sua complessa eredità come figura che partecipò e cercò di rettificare le ingiustizie dei processi.

Cotton Mather e la sua influenza

Cotton Mather era un importante ministro puritano e una figura significativa nel contesto dei processi alle streghe di Salem. Nato nel 1663 a Boston, Mather era il figlio di Aumenta Mather, un altro influente ministro. L'educazione e le attività intellettuali di Cotton Mather lo resero uno degli uomini più colti del suo tempo, e i suoi scritti e i suoi sermoni ebbero un profondo impatto sulla vita religiosa e sociale della colonia.

Il coinvolgimento di Mather nei processi alle streghe di Salem fu multiforme. Era uno scrittore prolifico e aveva già pubblicato lavori sulla stregoneria prima dell'inizio dei processi. Il suo libro "Memorable Providences Relating to Witchcraft and Possessions", pubblicato nel 1689, raccontava casi di presunta stregoneria e rafforzava la credenza nella presenza di streghe nel New England. Questo lavoro, tra gli altri, contribuì a gettare le basi intellettuali e teologiche per i processi alle streghe.

Durante i processi alle streghe di Salem, il ruolo di Mather era principalmente quello di consigliere e commentatore. Sebbene non abbia servito come giudice o pubblico ministero, la sua influenza è stata significativa. Corrispondeva con giudici e altri funzionari, offrendo le sue opinioni sui procedimenti e sulla natura della stregoneria.

Mather sostenne l'uso di prove spettrali, sostenendo che il Diavolo poteva usare gli spettri di persone innocenti per confondere e fuorviare. Questa posizione ha fornito una giustificazione teologica per accettare l'evidenza spettrale, nonostante la sua natura controversa.

Mather fu particolarmente coinvolto nel caso di George Burroughs, l'ex ministro accusato di aver guidato le streghe. Mather ha assistito all'esecuzione di Burroughs e ha cercato di rafforzare la legittimità del processo e dell'esecuzione sottolineando la presunta colpevolezza di Burroughs. La sua presenza e i suoi commenti durante l'esecuzione avevano lo scopo di contrastare ogni dubbio sulla giustizia del procedimento.

Nonostante il suo sostegno ai processi, Mather ha espresso riserve su alcuni aspetti del processo. Nella sua opera successiva "Wonders of the Invisible World", pubblicata nel 1693, Mather difese i processi ma invitò anche alla cautela e alla necessità di prove chiare. Ha riconosciuto il potenziale di errore e la possibilità che persone innocenti possano essere accusate ingiustamente. Questa posizione sfumata rifletteva la sua consapevolezza della crescente critica ai processi e il suo tentativo di bilanciare la sua fede nella stregoneria con la preoccupazione per la giustizia.

L'influenza di Mather si estese oltre i processi stessi. I suoi scritti e i suoi sermoni continuarono a plasmare l'opinione pubblica e il pensiero religioso nel New England. Fu una figura chiave nella comunità puritana e giocò un ruolo significativo nei dibattiti intellettuali e teologici del suo tempo. Il suo coinvolgimento nei processi alle streghe di

Salem e le sue successive riflessioni sugli eventi sottolineano la complessità della sua eredità.

Negli anni successivi ai processi, la reputazione di Mather fu sia lodata che criticata. Alcuni lo vedevano come un difensore della fede e una figura chiave nella lotta contro la stregoneria, mentre altri lo vedevano come un collaboratore dell'isteria e dell'ingiustizia dei processi. Il suo sostegno all'uso di prove spettrali e il suo coinvolgimento nel caso Burroughs rimangono punti controversi tra gli storici.

Nel complesso, l'influenza di Cotton Mather sui processi alle streghe di Salem fu significativa. I suoi scritti e le sue argomentazioni teologiche fornirono un quadro per comprendere e perseguire la stregoneria, e il suo coinvolgimento nei processi rifletteva il suo profondo impegno nei confronti delle sue convinzioni puritane. Tuttavia, le sue riflessioni successive e gli inviti alla cautela evidenziano anche la complessità delle sue opinioni e le sfide legate all'affrontare i dilemmi morali ed etici posti dai processi.

Il governatore William Phips

Il governatore William Phips ha svolto un ruolo cruciale nei processi alle streghe di Salem, in particolare nella loro istituzione e eventuale conclusione. Nato nel Maine nel 1651, Phips ebbe una carriera variegata come costruttore navale, cacciatore di tesori e leader militare prima di essere nominato governatore della colonia della baia del Massachusetts nel 1692.

La nomina di Phips a governatore avvenne in un momento di disordini sociali e politici nella colonia. La paura della stregoneria si stava diffondendo rapidamente e il sistema giudiziario esistente non era attrezzato per gestire il crescente numero di accuse. Poco dopo aver assunto l'incarico, Phips dovette affrontare la sfida di affrontare la crisi della stregoneria. In risposta, istituì la Corte di Oyer e Terminer per accelerare i processi e mettere ordine nella situazione.

Phips nominò il vicegovernatore William Stoughton giudice capo della corte e scelse diverse altre figure di spicco per servire come giudici. Alla corte furono concessi ampi poteri per ascoltare e giudicare casi di stregoneria, e la sua istituzione segnò una significativa escalation nei procedimenti legali. La decisione di Phips di creare la Corte riflette l'urgente necessità di affrontare la crisi e la convinzione che fosse necessaria un'azione rapida e decisiva.

Inizialmente, Phips ha sostenuto le azioni della corte e l'uso di prove spettrali. Si affidò al consiglio di figure come Cotton Mather, che fornirono una giustificazione teologica ai processi. L'appoggio di Phips alla corte e ai suoi metodi concesse legittimità al procedimento e rafforzò la convinzione che la leadership della colonia fosse impegnata a sradicare la stregoneria.

Tuttavia, con il progredire dei processi e l'aumento del numero di accuse ed esecuzioni, Phips iniziò ad avere riserve sul procedimento. Le segnalazioni di abusi, coercizione e la natura discutibile delle prove utilizzate hanno sollevato preoccupazioni sull'equità e sulla legittimità dei processi. L'esecuzione di individui come George

Burroughs, che si dichiararono innocenti fino alla fine, alimentò ulteriormente i dubbi.

Nell'ottobre del 1692 i dubbi di Phips avevano raggiunto un punto critico. Decise di intervenire e sciolse la Corte di Oyer e Terminer, interrompendo di fatto i processi. Phips istituì una nuova corte, la Corte Superiore di Giustizia, che non accettò più prove spettrali e adottò un approccio più cauto ai casi. Questa decisione segnò un punto di svolta nei processi alle streghe, poiché il nuovo tribunale assolse molti degli imputati e apportò al procedimento una prospettiva più razionale e basata sull'evidenza.

L'intervento di Phips e lo scioglimento della Corte di Oyer e Terminer furono significativi nel porre fine all'isteria e nel portare a termine i processi alle streghe. Le sue azioni riflettevano il riconoscimento delle ingiustizie commesse e il desiderio di ripristinare l'ordine e l'equità nel processo giudiziario. La leadership di Phips in questo momento critico contribuì a spostare l'opinione pubblica e contribuì infine al ripudio dei processi.

Negli anni successivi ai processi, Phips dovette affrontare critiche e controlli per il suo ruolo negli eventi. Alcuni lo consideravano responsabile degli eccessi e delle ingiustizie dei processi, mentre altri vedevano nel suo intervento un atto necessario e coraggioso. L'eredità di Phips è quindi complessa, poiché ha avuto un ruolo sia nell'escalation che nella risoluzione dei processi alle streghe.

Nel complesso, il coinvolgimento del governatore William Phips nei processi alle streghe di Salem evidenzia le sfide della leadership in tempi di crisi. Le sue decisioni e azioni hanno avuto un profondo impatto sul corso dei processi e sulla loro eventuale conclusione. L'eredità di Phips ricorda l'importanza di un controllo critico e la necessità di bilanciare un'azione rapida con equità e giustizia.

LE PROVE NEI DETTAGLI

Casi degni di nota: Bridget Bishop, Rebecca Nurse e Giles Corey

I processi alle streghe di Salem furono contrassegnati da numerosi casi degni di nota che esemplificavano l'isteria e l'ingiustizia del periodo. Bridget Bishop, Rebecca Nurse e Giles Corey sono tre delle figure più importanti le cui prove e destini hanno lasciato un impatto duraturo nella memoria storica degli eventi.

Brigida Vescovo fu la prima persona ad essere processata e giustiziata durante i processi alle streghe di Salem. Una donna di mezza età nota per il suo spirito indipendente e i molteplici matrimoni, Bishop aveva una reputazione che la rendeva un facile bersaglio per le accuse. Il 2 giugno 1692 iniziò il suo processo e la corte ascoltò le testimonianze di vari individui che affermavano di aver visto il suo spettro commettere stregoneria. Le stesse dichiarazioni e il comportamento della Bishop durante il processo, in cui lei negò con veemenza le accuse e apparve fiduciosa, furono usati contro di lei come prova della sua colpevolezza. La corte la dichiarò colpevole e fu impiccata il 10 giugno 1692, segnando l'inizio di una serie di esecuzioni che sarebbero seguite.

Rebecca Infermiera, un membro anziano e rispettato della comunità del villaggio di Salem, era un'altra figura significativa accusata di stregoneria. Il suo caso ha evidenziato la natura indiscriminata delle accuse e le profonde divisioni all'interno della comunità. Nonostante la sua pia reputazione e il sostegno di molti vicini che testimoniavano il suo buon carattere, l'infermiera fu accusata di stregoneria dalle ragazze afflitte. Durante il processo, l'infermiera ha sostenuto la sua innocenza e inizialmente la giuria ha emesso un verdetto di non colpevolezza. Tuttavia, sotto la pressione dei giudici e della protesta pubblica, alla giuria è stato chiesto di riconsiderare la decisione e alla fine l'hanno dichiarata colpevole. L'infermiera fu giustiziata il 19 luglio 1692. Il suo caso sottolineò le tragiche conseguenze dei processi, poiché anche gli individui più rispettati non erano immuni dall'isteria.

Giles Corey, un contadino poco più che ottantenne, fu un'altra figura notevole il cui processo e punizione furono particolarmente brutali. Corey è stato accusato di stregoneria, insieme a sua moglie, Martha Corey. Rifiutandosi di presentare una supplica, *Giles Corey* si è sottoposto al "pressing", una forma di tortura in cui pesanti pietre gli venivano poste sul petto per forzare una supplica. Nonostante il dolore lancinante, Corey rimase in silenzio e le sue ultime parole famose furono "Più peso". La sfida di Corey e il suo rifiuto di sottomettersi all'autorità della corte hanno evidenziato le misure estreme adottate durante i processi e il coraggio degli individui che hanno resistito all'isteria. Corey morì il 19 settembre 1692 e la sua morte costituisce un chiaro esempio della crudeltà e dell'ingiustizia dei processi alle streghe di Salem.

Questi casi degni di nota illustrano l'ampia gamma di individui presi di mira durante i processi alle streghe e i vari modi in cui furono eseguite le accuse, i processi e le punizioni. Ogni caso offre una prospettiva unica sulle più ampie dinamiche sociali, religiose e legali che hanno alimentato la caccia alle streghe a Salem.

Tecniche di esame e interrogatorio

Le tecniche di esame e interrogatorio utilizzate durante i processi alle streghe di Salem furono fondamentali per ottenere confessioni e plasmare la percezione pubblica degli imputati. Questi metodi spesso comportavano un'intensa pressione psicologica e fisica, progettata per suscitare ammissioni di colpevolezza e identificare ulteriori sospettati.

Una tecnica comune era il "test del tocco", in cui la strega accusata veniva messa in contatto con la persona afflitta. Si credeva che se il tocco fisico dell'accusato alleviava i sintomi della persona afflitta, ciò era una prova di stregoneria. Questo metodo si basava in gran parte sulle prestazioni e sulle reazioni degli individui colpiti, che spesso erano giovani ragazze. Le rappresentazioni drammatiche e talvolta teatrali durante queste prove rafforzavano la credenza nella presenza della stregoneria.

Un altro metodo era l'uso di prove spettrali, in cui gli afflitti affermavano di vedere lo spettro o lo spirito dell'accusato che li tormentava. Le prove spettrali erano molto controverse perché basate su esperienze soggettive e non potevano essere corroborate da prove fisiche. Nonostante ciò, è stato utilizzato frequentemente nei processi ed è stato considerato una valida forma di prova da molti giudici e membri della comunità.

L'esame fisico degli accusati per "segni di strega" è stata un'altra tecnica invasiva utilizzata durante i processi. Questi esami prevedevano la perquisizione dei corpi degli accusati alla ricerca di segni, macchie o escrescenze insolite, che si credeva fossero segni di un patto con il Diavolo. Le ostetriche o altre donne avevano spesso il compito di condurre queste ricerche e qualsiasi risultato insolito veniva presentato come prova di stregoneria.

Gli interrogatori degli imputati sono stati spesso duri e incessanti, con l'obiettivo di spezzare la loro resistenza e forzare le confessioni. Gli interrogatori, che includevano giudici e ministri, bombardavano gli imputati con domande e accuse, spesso per ore di seguito. L'ambiente degli interrogatori era fortemente carico e intimidatorio, con gli imputati spesso isolati e circondati da figure ostili. Questa atmosfera di paura e coercizione ha portato molti a confessare crimini che non avevano commesso nella speranza di evitare punizioni più dure o nel disperato tentativo di proteggere se stessi e le proprie famiglie.

Le confessioni ottenute attraverso questi metodi erano spesso dettagliate ed elaborate, descrivendo patti con il Diavolo, partecipazione ai sabba delle streghe e vari atti di maleficenza. Le confessioni venivano talvolta utilizzate per coinvolgere altri, creando una rete di accuse che ampliava la portata dei processi. Le confessioni forzate non solo sono servite a convalidare le convinzioni della comunità e delle autorità, ma hanno anche perpetuato il ciclo di paura e accusa.

Le tecniche di esame e interrogatorio utilizzate durante i processi alle streghe di Salem riflettono l'intensa paura e il sospetto che attanagliavano la comunità. Evidenziano inoltre la misura in cui il giusto processo e la razionalità sono stati abbandonati a favore di metodi che davano priorità all'estrazione delle confessioni e all'identificazione di ulteriori sospettati, spesso a scapito della giustizia e dell'equità.

Confessioni e ritrattazioni

Le confessioni hanno svolto un ruolo cruciale nei processi alle streghe di Salem, servendo sia a confermare l'esistenza della stregoneria agli occhi della comunità sia ad alimentare ulteriori accuse. Il processo per ottenere queste confessioni era spesso irto di coercizione, paura e pressione psicologica.

Molte streghe accusate confessarono sotto la costrizione di intensi interrogatori e sotto la minaccia di severe punizioni. Il clima di paura creato dai processi ha reso difficile per le persone mantenere la propria innocenza, soprattutto di fronte alla possibilità di esecuzione. In alcuni casi, gli imputati credevano che confessare avrebbe potuto salvare loro la vita, poiché a coloro che confessavano a volte veniva risparmiata la pena di morte e invece venivano imprigionati.

Una delle confessioni più famose è quella di Tituba, la schiava di casa Parris, che fu tra le prime ad essere accusate. Sotto la pressione dell'interrogatorio, Tituba confessò di praticare la stregoneria e fornì descrizioni elaborate dei suoi rapporti con il Diavolo. La sua confessione includeva dettagli vividi sulla visione del Diavolo sotto forma di uomo e sul comando di servirlo. La confessione di Tituba non solo implicava se stessa, ma nominava anche altri individui della comunità, ampliando così la portata della caccia alle streghe. La sua testimonianza dettagliata e colorata catturò l'immaginazione del pubblico e delle autorità, rafforzando la credenza in una diffusa cospirazione delle streghe.

Rebecca Nurse, inizialmente sostenendo la sua innocenza, alla fine dovette affrontare forti pressioni per confessare. Nonostante la sua reputazione di membro pio e rispettato della comunità, l'ondata travolgente di accuse e la tensione psicologica la portarono a essere dichiarata colpevole, sebbene non avesse mai confessato completamente i crimini di stregoneria.

Tuttavia, alcuni individui che hanno confessato hanno poi ritrattato, rivelando la profondità della loro disperazione e l'influenza della coercizione. Mary Easty, ad esempio, inizialmente confessò di stregoneria ma in seguito ritrattò, affermando la sua innocenza in una toccante e coraggiosa petizione alla corte. Nella sua petizione, Easty ha descritto la natura ingiusta del procedimento e ha chiesto pietà, non solo per se stessa ma per tutti gli accusati. Nonostante il suo eloquente appello, Easty alla fine fu giustiziata, il suo caso evidenziò le tragiche conseguenze dei processi e il potere limitato della ritrattazione per invertire la marea dell'isteria.

Un altro notevole caso di ritrattazione è stato quello di Ann Putnam Jr., una delle principali accusatrici durante i processi. Anni dopo gli eventi, nel 1706, Ann confessò pubblicamente il suo ruolo nelle accuse ed espresse profondo rimorso per il ruolo che ebbe nell'isteria. Ha riconosciuto che le sue azioni avevano portato a sofferenze ingiuste e alla morte di molte persone innocenti. La ritrattazione di Ann Putnam è stata un momento significativo di riflessione e pentimento, illustrando l'impatto duraturo dei processi sulle persone coinvolte e sulla comunità più ampia.

La dinamica delle confessioni e delle ritrattazioni durante i processi alle streghe di Salem sottolinea la potente influenza della paura, della coercizione e della pressione sociale. Le confessioni venivano spesso ottenute in condizioni che compromettevano l'integrità e la veridicità delle dichiarazioni, mentre le ritrattazioni, sebbene sincere, raramente alteravano l'esito della confessione per l'accusato. Queste confessioni e le successive ritrattazioni forniscono una finestra sull'esperienza umana dei processi, rivelando la complessa interazione tra fede, paura e ricerca di autoconservazione in un momento di panico diffuso.

Punizioni ed esecuzioni

Le punizioni e le esecuzioni durante i processi alle streghe di Salem furono tra gli aspetti più strazianti dell'intera vicenda. Coloro che furono giudicati colpevoli di stregoneria dovettero affrontare gravi conseguenze, spesso culminate nell'esecuzione per impiccagione, che era il metodo comune di pena capitale per le streghe nel New England. Il processo di punizione ed esecuzione era progettato non solo per rimuovere la presunta minaccia della stregoneria, ma anche per fungere da deterrente pubblico contro qualsiasi comportamento percepito come eretico.

L'esecuzione di Bridget Bishop il 10 giugno 1692 segnò la prima di una serie di impiccagioni che sarebbero seguite. La natura pubblica delle esecuzioni, avvenute a Proctor's Ledge vicino a Gallows Hill, aveva lo scopo di rafforzare la gravità del crimine e l'impegno della colonia a sradicare la stregoneria. La vista di individui condotti al patibolo e impiccati era uno spettacolo potente e terrificante per la comunità, rafforzando i pericoli del dissenso e il potere delle autorità.

In totale, 19 persone furono impiccate durante i processi alle streghe di Salem. Tra loro c'erano figure di spicco come Rebecca Nurse e John Proctor, che mantennero entrambi la propria innocenza fino alla fine. Le esecuzioni sono state spesso eseguite subito dopo la sentenza, con poche possibilità di appello o di proroga. La fretta con cui furono condotte le esecuzioni rifletteva l'urgenza e il fervore con cui le autorità cercavano di eliminare la minaccia percepita della stregoneria.

Giles Corey, che si rifiutò di presentare una dichiarazione, fu sottoposto ad una forma di punizione particolarmente brutale nota come pressione. Questo metodo prevedeva il posizionamento di pietre pesanti sul suo petto nel tentativo di costringerlo a implorare. Il fermo rifiuto di Corey e la successiva morte sotto il peso delle pietre furono una triste testimonianza delle misure estreme adottate durante i processi. La sua morte, avvenuta il 19 settembre 1692, divenne simbolo della resistenza e della durezza del processo giudiziario.

Oltre alle esecuzioni, venivano inflitte altre forme di punizione agli accusati di stregoneria. Molte persone accusate ma non giustiziate hanno dovuto affrontare la reclusione, spesso in condizioni dure e antigeniche. Alcuni sono stati tenuti in prigione per lunghi periodi, sopportando sofferenze fisiche e mentali. La minaccia di esecuzione e le dure condizioni di prigionia servirono a spezzare la volontà di molte streghe accusate, portando alcune a confessare nella speranza di una sentenza più leggera.

All'indomani dei processi si vide un graduale riconoscimento delle ingiustizie commesse. Nel gennaio 1693, il governatore William Phips sciolse la Corte di Oyer e Terminer e la sostituì con la Corte Superiore di Giustizia, che non consentì più prove spettrali e adottò una visione più scettica nei confronti delle accuse di stregoneria. Questo cambiamento nel processo giudiziario portò all'assoluzione di molte streghe rimaste accusate e segnò l'inizio della fine dei processi alle streghe di Salem.

Negli anni successivi ai processi si cercò di fornire qualche misura di restituzione alle famiglie dei giustiziati. Nel 1711, il Tribunale del Massachusetts approvò un disegno di legge che revocava le condanne di molti degli imputati e concedeva un risarcimento finanziario ai loro eredi. Questo atto di contrizione, per quanto limitato, ha riconosciuto la natura illecita dei processi e la sofferenza delle vittime e delle loro famiglie.

LA FINE DEI PROCESSI

Il declino dell'isteria delle streghe

I processi alle streghe di Salem, iniziati nel 1692, non terminarono bruscamente ma piuttosto sperimentarono un graduale declino man mano che l'isteria e il fervore che avevano alimentato le accuse cominciarono a scemare. Diversi fattori contribuirono a placare il panico delle streghe che aveva attanagliato Salem e le aree circostanti.

Uno dei fattori chiave del declino è stato il crescente scetticismo e le critiche da parte di figure influenti e membri della comunità. Man mano che i processi andavano avanti e sempre più persone venivano accusate, iniziarono ad emergere dubbi sulla legittimità delle prove e sui metodi utilizzati nei processi. In particolare, il reverendo Aumenta Mather, un ministro rispettato e padre di Cotton Mather, ha espresso le sue preoccupazioni circa la dipendenza dalle prove spettrali, che erano state la pietra angolare di molte convinzioni. Nella sua opera "Cases of Conscience Concerning Evil Spirits", pubblicata nel 1692, Aumenta Mather sostenne che era meglio che dieci sospette streghe scappassero piuttosto che una persona innocente venisse condannata, sottolineando la necessità di prove più concrete in questioni così gravi. .

Anche il crescente numero di accuse ha avuto un ruolo nel declino dell'isteria. Man mano che venivano accusate sempre più persone, inclusi membri importanti e rispettati della comunità, la credibilità dei processi veniva messa sotto esame. L'enorme volume di accuse ha iniziato a mettere a dura prova il sistema giudiziario e ha creato un ambiente in cui quasi chiunque poteva essere sospettato, portando a una più ampia consapevolezza che la situazione stava andando fuori controllo.

Anche il sentimento pubblico ha iniziato a cambiare con l'aumento del numero di esecuzioni e incarcerazioni. Le esecuzioni di individui che avevano sostenuto la propria innocenza, come Rebecca Nurse e John Proctor, suscitarono simpatia e dubbi tra il pubblico. Questi casi, insieme alle brutali pressioni di Giles Corey, hanno evidenziato le misure estreme adottate e sollevato dubbi sulla giustizia del procedimento. Le storie personali degli imputati, molti dei quali erano membri rispettati e conosciuti della comunità, hanno avvicinato la realtà dei processi a molti residenti.

L'intervento del governatore William Phips fu un fattore decisivo nel declino dell'isteria delle streghe. Nominato governatore della colonia della baia del Massachusetts nel 1692, Phips inizialmente sostenne l'istituzione della Corte di Oyer e Terminer per gestire i casi di stregoneria. Tuttavia, con il progredire dei processi e con il progredire delle segnalazioni di abusi ed esecuzioni errate, Phips iniziò a riconsiderare la sua posizione. Nell'ottobre 1692, Phips sciolse la Corte di Oyer e Terminer, fermando di fatto i processi e le esecuzioni in corso.

La decisione di Phips di sciogliere la corte è stata influenzata dalla crescente pressione proveniente sia da fonti locali che esterne. Lettere e petizioni di cittadini preoccupati, così come voci critiche provenienti da altre colonie e dall'Inghilterra, hanno evidenziato il crescente disagio nei confronti dei procedimenti a Salem. L'istituzione di un nuovo tribunale, la Corte Superiore di Giustizia, che non accettava prove spettrali, segnò un cambiamento significativo nell'approccio ai restanti casi di stregoneria.

Quando i processi cessarono e la minaccia immediata di esecuzione diminuì, l'isteria che aveva alimentato le accuse cominciò a placarsi. La comunità ha iniziato a riflettere sugli eventi e sull'impatto dei processi, portando a un più ampio riconoscimento delle ingiustizie commesse. La fine dei processi segnò l'inizio di un periodo di riflessione e di resa dei conti per Salem e i suoi residenti.

Lo scioglimento della Corte

Lo scioglimento della Corte di Oyer e Terminer da parte del governatore William Phips fu un punto di svolta cruciale nel porre fine ai processi alle streghe di Salem. Alla corte, istituita nel maggio 1692, fu data l'autorità di esaminare e decidere rapidamente i casi di stregoneria. Tuttavia, i suoi metodi e la dipendenza dalle prove spettrali hanno portato a critiche diffuse e a un crescente disagio tra il pubblico e i funzionari.

La decisione del governatore Phips di sciogliere la corte nell'ottobre 1692 fu influenzata da diversi fattori. Innanzitutto c'era il crescente scetticismo sull'uso delle prove spettrali, che si basava sulle affermazioni degli individui afflitti di essere tormentati dagli spettri o dagli spiriti degli accusati. Questo tipo di prova era intrinsecamente non dimostrabile e soggettiva, portando a convinzioni discutibili. Figure influenti come Aumenta Mather hanno condannato pubblicamente l'uso di tali prove, sostenendo che erano inaffidabili e potevano portare all'ingiusta condanna di persone innocenti.

Anche le segnalazioni di cattiva condotta e abuso di potere da parte della corte hanno avuto un ruolo nel suo scioglimento. Resoconti di coercizione, intimidazione e duro trattamento dei prigionieri hanno sollevato serie preoccupazioni sull'equità e sull'integrità del processo giudiziario. I brutali metodi di esecuzione e le pressioni di Giles Corey hanno evidenziato le misure estreme utilizzate, che hanno ulteriormente eroso la fiducia del pubblico nella corte.

Il governatore Phips è stato motivato anche da fattori personali. Sua moglie era stata menzionata nelle accuse di stregoneria, avvicinando in modo spiacevole la realtà dell'isteria alla sua stessa famiglia. La consapevolezza che anche coloro che occupavano posizioni elevate non erano immuni dalla caccia alle streghe probabilmente influenzò la sua decisione di intervenire.

Al posto della Corte di Oyer e Terminer, Phips istituì la Corte Superiore di Giustizia nel gennaio 1693. Questa nuova corte fu incaricata di gestire i restanti casi di stregoneria ma con un approccio più cauto e basato sull'evidenza. Fondamentalmente, la Corte Superiore di Giustizia non ha accettato prove spettrali, un allontanamento significativo dalle pratiche della corte precedente. Questo cambiamento di politica riflette un crescente riconoscimento della necessità di prove più affidabili e concrete nei procedimenti giudiziari.

La prima sessione della nuova corte nel gennaio 1693 portò all'assoluzione di molte delle rimanenti streghe accusate. Dei 56 casi esaminati, solo tre hanno portato a condanne e questi individui sono stati successivamente graziati dal governatore Phips. L'approccio più misurato e razionale della Corte Superiore di Giustizia ha segnato un passo significativo verso il ripristino della giustizia e dell'ordine nella colonia.

Lo scioglimento della Corte di Oyer e Terminer e l'istituzione della nuova corte ebbero anche implicazioni più ampie per il sistema giudiziario del Massachusetts. Ha sottolineato l'importanza del giusto processo, la necessità di prove affidabili e i pericoli di permettere alla paura e all'isteria di dettare i procedimenti giudiziari. I cambiamenti attuati durante questo periodo hanno contribuito a creare precedenti per le future pratiche legali e hanno contribuito allo sviluppo di un sistema giudiziario più equilibrato ed equo.

La fine dei processi alle streghe e lo scioglimento della Corte di Oyer e Terminer segnarono un punto di svolta per Salem e i suoi residenti. Ha posto fine alle esecuzioni e alla paura diffusa che aveva attanagliato la comunità. Tuttavia, le ripercussioni dei processi e le cicatrici che lasciarono sulla comunità avrebbero continuato a farsi sentire negli anni a venire.

Le conseguenze per gli imputati e le loro famiglie

La fine dei processi alle streghe di Salem non portò immediatamente sollievo agli accusati e alle loro famiglie. Molti di coloro che erano stati imprigionati affrontarono difficoltà continue e lo stigma di essere associati alla stregoneria persisteva nella comunità. All'indomani dei processi si sono compiuti sforzi per affrontare le ingiustizie commesse, ma il percorso verso la restituzione e la riconciliazione è stato irto di sfide.

Per coloro che erano stati imprigionati ma non giustiziati, la fine dei processi significava la libertà, ma non cancellava le sofferenze patite. Molti degli accusati avevano trascorso mesi in condizioni dure e antigeniche, separati dalle loro famiglie e comunità. Il costo fisico e psicologico della prigionia ha lasciato effetti duraturi su questi individui, molti dei quali hanno lottato per reintegrarsi nella società dopo il rilascio.

Le famiglie dei giustiziati hanno dovuto affrontare una serie di sfide. La perdita di un membro della famiglia sul patibolo è stata una tragedia profonda, aggravata dallo stigma sociale legato all'essere imparentato con una strega condannata. Vedove, bambini e altri parenti delle streghe giustiziate spesso affrontavano difficoltà economiche, poiché i processi avevano interrotto i loro mezzi di sussistenza e la stabilità finanziaria. In alcuni casi, le proprietà dei giustiziati sono state confiscate o lasciate allo sbando, esacerbando ulteriormente le loro lotte.

Negli anni successivi ai processi, ci furono sforzi per fornire una certa misura di risarcimento alle vittime e alle loro famiglie.

Nel 1697, Samuel Sewall, uno dei giudici del processo, confessò pubblicamente la sua colpa ed espresse profondo rimorso per il suo ruolo negli eventi. Il suo atto di pentimento è stato significativo, poiché ha riconosciuto le ingiustizie dei processi e ha cercato di fare ammenda con la comunità e le famiglie degli accusati.

Anche il Tribunale del Massachusetts ha adottato misure per affrontare gli errori commessi durante i processi. Nel 1711, la corte approvò un disegno di legge che annullò la decisione di molte delle streghe accusate, annullando sostanzialmente i giudizi legali contro di loro. Questo atto di pentimento legislativo fu un importante riconoscimento della natura illecita dei processi e mirava a ripristinare l'onore e la posizione legale degli imputati e delle loro famiglie.

Insieme all'inversione dei partecipanti, il disegno di legge prevedeva un risarcimento finanziario agli eredi di coloro che erano stati giustiziati. Questo risarcimento, sebbene limitato, è stato un tentativo di affrontare le difficoltà economiche affrontate dalle famiglie e fornire una certa misura di giustizia per le perdite subite. I risarcimenti furono distribuiti tra le famiglie degli imputati, anche se con importi variabili e spesso insufficienti a sanare integralmente i danni inflitti dai processi.

Le conseguenze dei processi alle streghe di Salem videro anche una più ampia riflessione sociale sugli eventi e sulle loro cause. I processi divennero un ammonimento sui pericoli dell'isteria di massa, sull'abuso del potere giudiziario e sulle conseguenze del permettere alla paura e alla superstizione di prevalere sulla ragione e sulla giustizia.

Queste riflessioni hanno contribuito a modellare gli atteggiamenti futuri nei confronti delle accuse di stregoneria e hanno influenzato le pratiche legali per garantire che tali ingiustizie non si ripetessero.

L'EREDITÀ DEI PROCESSI ALLE STREGHE DI SALEM

Impatto a lungo termine sul sistema legale americano

I processi alle streghe di Salem del 1692 lasciarono un impatto profondo e duraturo sul sistema legale americano. I processi, caratterizzati dalla dipendenza da prove spettrali e dalla negazione dei diritti legali fondamentali, hanno messo in luce notevoli difetti nel processo giudiziario e hanno stimolato importanti riforme che hanno plasmato il futuro della giurisprudenza americana.

Uno dei cambiamenti più significativi emersi dai processi è stata la riaffermazione del principio secondo cui gli imputati dovrebbero essere presunti innocenti fino a prova contraria. I processi di Salem hanno dimostrato i pericoli derivanti dal consentire che le accuse vengano trattate come prova di colpevolezza, in particolare se basate su prove inaffidabili come le prove spettrali. Questo principio è diventato una pietra miliare del sistema legale americano, garantendo che l'onere della prova spetti all'accusa e che gli imputati abbiano il diritto a un giusto processo.

I processi hanno inoltre evidenziato la necessità di prove affidabili nei procedimenti legali. La dipendenza dalle prove spettrali - testimonianze di testimoni che affermavano di vedere gli spiriti o gli spettri degli accusati - fu ampiamente screditata come risultato dei processi. Ciò ha portato a una maggiore enfasi sulle prove concrete e corroboranti nei casi penali, riducendo le possibilità di condanne errate basate su affermazioni non verificabili.

Un altro importante sviluppo influenzato dai processi è stata la tutela dei diritti individuali e la fornitura di consulenza legale. I processi di Salem hanno illustrato le gravi conseguenze derivanti dal negare agli imputati il diritto alla difesa e sottoporli a metodi di interrogatorio coercitivi. I moderni principi giuridici americani garantiscono che gli imputati abbiano il diritto alla rappresentanza legale e alla protezione contro l'autoincriminazione, che sono tutele cruciali contro condanne errate e abuso di potere.

I processi alle streghe di Salem hanno anche contribuito all'evoluzione degli standard per i procedimenti legali e le prove. I processi hanno messo in luce i pericoli derivanti dal permettere all'isteria pubblica e al pregiudizio di influenzare i risultati legali. Di conseguenza, si è verificato uno spostamento verso standard più rigorosi in materia di prove e una maggiore enfasi sull'imparzialità giudiziaria. Il sistema legale cominciò a porre una maggiore enfasi sull'equità procedurale e sui diritti degli accusati, che divennero elementi fondamentali della giustizia penale americana.

I principi stabiliti in seguito ai processi di Salem continuano a guidare oggi il sistema legale americano. L'enfasi sul giusto processo, sulla presunzione di innocenza e sulla necessità di prove affidabili sono principi fondamentali del moderno diritto americano.

Le lezioni apprese dai processi alle streghe di Salem servono a ricordare costantemente l'importanza di salvaguardare la giustizia e proteggere i diritti individuali all'interno del sistema legale.

Le conseguenze culturali e sociali

I processi alle streghe di Salem hanno avuto conseguenze culturali e sociali di vasta portata che si sono estese ben oltre le conseguenze immediate dei processi. I processi hanno lasciato un'impronta duratura nella cultura americana, influenzando gli atteggiamenti sociali, le narrazioni storiche e la memoria collettiva degli eventi accaduti a Salem.

Uno dei principali impatti culturali dei processi è stato il modo in cui hanno modellato la percezione pubblica della stregoneria e della superstizione. I processi hanno contribuito a un più ampio spostamento culturale dalla credenza nella stregoneria come minaccia legittima. Poiché i processi furono denunciati come un tragico esempio di isteria di massa e di persecuzione ingiusta, aiutarono a sfatare l'idea che la stregoneria fosse un pericolo reale e presente. Questo cambiamento di prospettiva ha contribuito al declino della caccia alle streghe e delle superstizioni nella società americana.

I processi hanno avuto anche significative conseguenze sociali per le comunità colpite dagli eventi. La paura e il sospetto che caratterizzarono la caccia alle streghe lasciarono profonde cicatrici nel tessuto sociale di Salem e nelle zone circostanti. I processi hanno interrotto le relazioni sociali, diviso le comunità e creato un'eredità di sfiducia e divisione che è rimasta a lungo anche dopo la fine dei processi. Il trauma vissuto dagli imputati e dalle loro famiglie, così come dalla comunità più ampia, ha avuto effetti duraturi sulla coesione sociale e sulle dinamiche della comunità.

Oltre a questi impatti immediati, i processi alle streghe di Salem hanno influenzato il modo in cui la società americana vede la giustizia, la moralità e le conseguenze dell'isteria di massa. I processi sono diventati un simbolo dei pericoli derivanti dal permettere alla paura e al pregiudizio di guidare le azioni legali e sociali. Sono serviti come ammonimento sull'importanza della ragione, dell'equità e del pensiero critico nell'affrontare le questioni sociali.

I processi hanno anche contribuito allo sviluppo dell'identità americana e della coscienza storica. Gli eventi di Salem sono diventati una parte significativa del folklore americano e della narrativa storica, plasmando il modo in cui gli americani comprendono il loro passato e i valori che sostengono. I processi sono spesso citati come esempio del potenziale di ingiustizia all'interno di un sistema legale e vengono utilizzati per illustrare l'importanza della salvaguardia dei diritti individuali e del giusto processo.

Riflessioni nella letteratura, nel cinema e nella cultura popolare

I processi alle streghe di Salem sono stati oggetto di un'ampia riflessione nella letteratura, nel cinema e nella cultura popolare, fungendo da potente simbolo della paura, dell'ingiustizia e delle conseguenze dell'isteria di massa. Queste rappresentazioni hanno contribuito a plasmare la comprensione pubblica dei processi e hanno contribuito alla continua rilevanza culturale degli eventi.

In letteratura, i processi alle streghe di Salem hanno ispirato numerose opere che esplorano i temi della stregoneria, della persecuzione e degli sconvolgimenti sociali. Una delle trattazioni letterarie più famose dei processi è l'opera teatrale di Arthur Miller "The Crucible", rappresentata per la prima volta nel 1953. L'opera di Miller utilizza gli eventi storici dei processi alle streghe di Salem come allegoria dell'isteria anticomunista dell'era McCarthy, esplorando temi della paranoia, del conflitto morale e delle conseguenze dell'isteria di massa. "The Crucible" è stato ampiamente studiato e rappresentato, e la sua rappresentazione dei processi continua a risuonare tra il pubblico come una potente critica ai pericoli dell'ingiustizia guidata dalla paura.

Nel cinema e in televisione, i processi alle streghe di Salem sono stati rappresentati in vari modi, dai drammi storici ai resoconti romanzati. Film come "Salem Witch Trials" (2002) e "Hocus Pocus" (1993) offrono diverse prospettive sugli eventi, da rappresentazioni storiche serie a fantasy spensierato. Queste rappresentazioni contribuiscono al fascino continuo dei processi e riflettono i diversi modi in cui gli eventi vengono interpretati e compresi nella cultura popolare.

La cultura popolare ha anche visto i processi alle streghe di Salem riflessi in una serie di media, inclusi documentari, romanzi e serie televisive. I processi vengono spesso utilizzati come sfondo per esplorare temi di paura, persecuzione e dinamiche sociali. Queste rappresentazioni aiutano a mantenere viva nella coscienza pubblica la storia dei processi alle streghe di Salem e forniscono un mezzo per affrontare gli eventi storici in una varietà di contesti.

Il continuo interesse per i processi alle streghe di Salem nella letteratura, nel cinema e nella cultura popolare sottolinea la rilevanza duratura degli eventi e il loro impatto sulle narrazioni culturali e storiche americane. Queste riflessioni offrono preziose informazioni sulla natura della paura, dell'ingiustizia e della risposta sociale e contribuiscono alle discussioni in corso sulle lezioni apprese dai processi.

Memoriali e Salem moderna

Nella Salem moderna, l'eredità dei processi alle streghe viene commemorata attraverso vari memoriali e siti storici che onorano le vittime e offrono opportunità di riflessione ed educazione. Questi memoriali servono a ricordare i tragici eventi del 1692 e offrono spunti sul contesto storico e sul significato dei processi.

Uno dei memoriali più importanti è il Salem Witch Trials Memorial, dedicato nel 1992 in occasione del 300° anniversario dei processi. Il memoriale, situato vicino all'Old Burying Point Cemetery, presenta una serie di panchine in pietra con incisi i nomi delle persone che furono giustiziate a seguito dei processi. Su ogni banco è inciso il nome, la data di esecuzione e una breve descrizione del ruolo della persona nei processi. Il memoriale offre ai visitatori uno spazio per riflettere sugli eventi e rendere omaggio alle vittime.

Oltre al memoriale, il Salem Witch Museum offre un'esperienza educativa che esplora la storia dei processi e il loro impatto sulla società americana. Il museo presenta mostre, esposizioni e presentazioni che forniscono il contesto per comprendere gli eventi e le dinamiche sociali che hanno contribuito all'isteria. Il museo ospita anche programmi educativi ed eventi volti a sensibilizzare l'opinione pubblica sui processi e sulla loro eredità.

I processi alle streghe di Salem vengono commemorati anche attraverso vari tour storici e rievocazioni che si svolgono in città. Questi tour offrono ai visitatori l'opportunità di conoscere la storia di Salem e gli eventi del 1692 mentre esplorano i siti storici associati ai processi. Rievocazioni e presentazioni storiche aiutano a dare vita alla storia dei processi e forniscono un collegamento tangibile con il passato.

La Salem moderna ha abbracciato la sua eredità storica ed è diventata un centro di discussione sui processi e sulle loro implicazioni più ampie. La città ospita eventi, conferenze e dibattiti che affrontano la storia dei processi e la loro rilevanza per le questioni contemporanee. Il riconoscimento da parte di Salem del suo passato e i suoi sforzi per educare e commemorare gli eventi riflettono l'impegno a comprendere e imparare dalla storia dei processi alle streghe.

LEZIONI IMPARATE

Comprendere l'isteria di massa

I processi alle streghe di Salem offrono una profonda lezione sulle dinamiche dell'isteria di massa, illustrando come la paura collettiva e l'irrazionalità possano portare a conseguenze catastrofiche. L'isteria di massa, o panico collettivo, si verifica quando un gruppo di persone sperimenta una paura o un'ansia travolgente che si manifesta in comportamenti e credenze irrazionali. A Salem nel 1692, la combinazione di fattori sociali, religiosi e politici creò una tempesta perfetta affinché tale isteria fiorisse.

Un fattore cruciale per comprendere l'isteria di massa è riconoscere come la paura può diffondersi in una comunità. A Salem, le accuse iniziali di stregoneria furono alimentate dalla paura dell'ignoto e dalla convinzione che fossero all'opera forze malevole. La paura delle streghe, combinata con le tensioni e le lamentele esistenti, creò un ambiente in cui le accuse potevano diffondersi rapidamente e guadagnare terreno. Questo fenomeno è spesso amplificato dalle dinamiche sociali, dove gli individui possono conformarsi alle paure prevalenti del gruppo o sentirsi spinti a partecipare all'isteria per evitare sospetti.

I meccanismi psicologici dietro l'isteria di massa includono l'impatto del pensiero di gruppo e l'influenza delle figure autoritarie. A Salem, i leader sociali e religiosi che sostennero i processi alle streghe giocarono un ruolo significativo nel legittimare e perpetuare l'isteria. La loro autorità ha dato peso alle accuse e alimentato la paura collettiva. Questa dinamica può essere vista in altri casi di isteria di massa, dove leader e figure influenti contribuiscono alla diffusione del panico e rafforzano convinzioni irrazionali.

Un altro aspetto dell'isteria di massa è la disumanizzazione di coloro che vengono accusati. A Salem, le streghe accusate venivano spesso descritte come malvagie outsider, il che rendeva più facile per la comunità razionalizzare la loro punizione. Questa disumanizzazione ha permesso agli individui di prendere le distanze dalle conseguenze delle proprie azioni e ha contribuito all'accettazione diffusa delle ingiustizie dei processi.

Comprendere l'isteria di massa implica riconoscere queste dinamiche psicologiche e sociali e riconoscere i modi in cui la paura può distorcere il pensiero razionale. I processi alle streghe di Salem servono a ricordare duramente come il panico collettivo possa prevalere sulla ragione e portare a risultati devastanti. Studiando queste dinamiche, le società possono comprendere meglio come prevenire e affrontare simili casi di isteria in futuro.

I pericoli dell'estremismo e dell'intolleranza

I processi alle streghe di Salem sottolineano i pericoli dell'estremismo e dell'intolleranza, evidenziando come le ideologie rigide e l'intolleranza verso il dissenso possano portare a ingiustizie e sofferenze diffuse. L'estremismo si riferisce all'adozione di credenze e pratiche radicali che rifiutano il compromesso e promuovono misure estreme, mentre l'intolleranza implica la riluttanza ad accettare opinioni o pratiche diverse. A Salem, sia l'estremismo che l'intolleranza hanno giocato un ruolo cruciale nel guidare la caccia alle streghe e nel contribuire ai tragici esiti dei processi.

L'estremismo religioso dell'epoca fu un fattore significativo nei processi alle streghe. I puritani di Salem avevano rigide credenze religiose e consideravano una minaccia qualsiasi deviazione dalla loro rigorosa interpretazione del cristianesimo. Questa intolleranza verso credenze e pratiche diverse creò un ambiente in cui le accuse di stregoneria potevano facilmente mettere radici. L'estremo fervore religioso dei puritani li portò a vedere segni di stregoneria negli eventi e nei comportamenti quotidiani, alimentando ulteriormente l'isteria.

L'intolleranza si è manifestata anche nel modo in cui sono stati trattati gli accusati. Coloro che erano sospettati di stregoneria provenivano spesso da gruppi emarginati o dissenzienti, comprese donne che sfidavano le norme sociali o individui con rimostranze personali contro di loro. La mancanza di tolleranza verso coloro che non si conformavano alle aspettative della comunità rendeva più facile che le accuse venissero formulate e accettate senza un adeguato esame.

L'estremismo e l'intolleranza dei processi alle streghe di Salem hanno avuto conseguenze devastanti per gli imputati e le loro famiglie. I processi hanno portato all'esecuzione di 20 persone e all'incarcerazione di molte altre, tutti basati su prove inconsistenti e paure irrazionali. I processi non solo portarono alla perdita di vite innocenti, ma distrussero anche la comunità e lasciarono cicatrici durature a Salem.

I pericoli dell'estremismo e dell'intolleranza si estendono oltre i processi alle streghe di Salem e possono essere osservati in vari contesti storici e contemporanei. Nel corso della storia, le ideologie estremiste e l'intolleranza hanno portato a persecuzioni, violenza e ingiustizie. Studiando i processi alle streghe di Salem e riconoscendo gli effetti dannosi dell'estremismo e dell'intolleranza, le società possono lavorare per promuovere la tolleranza, l'apertura mentale e la comprensione.

Paralleli storici nei tempi moderni

Le lezioni dei processi alle streghe di Salem risuonano con le questioni contemporanee, poiché si possono tracciare paralleli storici con vari casi di isteria di massa, persecuzione e ingiustizia nei tempi moderni. Questi paralleli evidenziano la rilevanza continua delle sperimentazioni e sottolineano la necessità di vigilanza contro modelli di comportamento simili.

Un parallelo degno di nota è l'uso della paura e del sospetto per giustificare la persecuzione. Nei tempi moderni, abbiamo assistito a casi in cui la paura di determinati gruppi o ideologie ha portato a pratiche discriminatorie e violazioni dei diritti umani. Ad esempio, durante la Paura Rossa degli anni '50, la paura del comunismo portò ad accuse diffuse, all'inserimento in liste nere e alla persecuzione di individui sospettati di essere simpatizzanti comunisti. Similmente ai processi alle streghe di Salem, questo periodo è stato caratterizzato da una mancanza di prove e di un giusto processo, con conseguenti danni significativi a individui innocenti.

Un altro parallelo è il ruolo dei media e della propaganda nell'amplificare la paura e diffondere l'isteria. Nell'era dei social media e della comunicazione istantanea, la disinformazione e il sensazionalismo possono rapidamente aumentare le paure e contribuire al panico diffuso. La diffusione di affermazioni false o esagerate, unita all'influenza di voci autorevoli, può alimentare l'ansia collettiva e portare ad azioni dannose. I processi alle streghe di Salem servono a ricordare storicamente come i media e la propaganda possano modellare la percezione pubblica ed esacerbare le crisi.

L'impatto dell'estremismo e dell'intolleranza può essere visto anche nei conflitti e nelle questioni moderne. I casi di estremismo religioso, etnico o politico continuano a causare sofferenza e violenza in tutto il mondo. I processi alle streghe di Salem esemplificano il potenziale distruttivo dell'intolleranza e dell'estremismo, e queste lezioni rimangono rilevanti nell'affrontare le questioni contemporanee del pregiudizio e della discriminazione.

Gli sforzi per affrontare e prevenire tali problemi oggi implicano la promozione della tolleranza, l'incoraggiamento del dialogo aperto e la garanzia che i sistemi legali e sociali tutelino i diritti individuali e il giusto processo. Le lezioni tratte dai processi alle streghe di Salem sottolineano l'importanza di salvaguardarsi dall'isteria di massa, dall'estremismo e dall'intolleranza al fine di prevenire il ripetersi di simili ingiustizie.

INTERPRETAZIONI MODERNE E BORSA DI STUDIO

Evoluzione delle prospettive storiche

L'interpretazione dei processi alle streghe di Salem si è evoluta in modo significativo dagli eventi del 1692, riflettendo il cambiamento degli atteggiamenti sociali, i progressi nella metodologia storica e il contesto più ampio della storia americana. I primi resoconti dei processi erano spesso semplicistici e parziali, incorniciati dalle prospettive di coloro che vissero attraverso i processi o dei loro immediati discendenti. Queste prime narrazioni descrivevano tipicamente i processi come un capitolo oscuro guidato dalla superstizione e dal fanatismo religioso, senza approfondire i complessi fattori sociali e politici che contribuirono all'isteria.

Nel XIX e all'inizio del XX secolo, storici e studiosi iniziarono a riesaminare i processi alle streghe di Salem con prospettive più critiche. Durante questo periodo, ci fu un crescente interesse per la comprensione delle prove nel contesto più ampio della prima società americana e della vita coloniale. Gli studiosi iniziarono a esplorare le tensioni economiche, sociali e politiche che potrebbero aver contribuito allo scoppio dell'isteria. Questo cambiamento di prospettiva faceva parte di una tendenza più ampia nella ricerca storica verso analisi più sfumate e contestualizzate degli eventi storici.

La metà del XX secolo vide un cambiamento significativo nell'interpretazione dei processi alle streghe di Salem, influenzato dall'ascesa della storia sociale e dalla crescente attenzione alle esperienze della gente comune. Gli storici iniziarono ad analizzare i processi attraverso la lente delle dinamiche sociali, esplorando come le relazioni di classe, genere e comunità giocassero un ruolo nelle accuse e nei procedimenti. Questo approccio ha evidenziato la complessità dei processi e ha messo in discussione le interpretazioni precedenti che avevano semplificato le cause e le conseguenze degli eventi.

Negli ultimi decenni, l'interpretazione dei processi alle streghe di Salem ha continuato ad evolversi, ponendo maggiore enfasi sugli approcci interdisciplinari e sull'incorporazione di nuove prove. Gli studiosi moderni hanno utilizzato intuizioni proveniente dalla psicologia, dalla sociologia e dagli studi culturali per comprendere meglio le dinamiche dell'isteria di massa e i fattori sociali e psicologici in gioco durante i processi. Questo approccio interdisciplinare ha arricchito la nostra comprensione degli studi e ha fornito nuove prospettive sul loro significato.

Nel complesso, l'evoluzione delle prospettive storiche sui processi alle streghe di Salem riflette una tendenza più ampia verso analisi più sfumate e sfaccettate degli eventi storici. Esaminando i processi attraverso lenti diverse e incorporando nuove prove, gli studiosi hanno sviluppato una comprensione più profonda della complessità degli eventi e del loro impatto duraturo.

Ricerche e scoperte recenti

Recenti ricerche e scoperte hanno migliorato significativamente la nostra comprensione dei processi alle streghe di Salem, fornendo nuove intuizioni sulle cause, le dinamiche e le conseguenze degli eventi. I progressi nella ricerca d'archivio, nell'analisi forense e nella metodologia storica hanno contribuito a un quadro più completo e accurato dei processi.

Un'area notevole della ricerca recente riguarda l'esame delle fonti primarie e dei materiali d'archivio. Nuove scoperte in documenti storici, come atti giudiziari, lettere personali e resoconti contemporanei, hanno fatto luce su aspetti dei processi precedentemente trascurati. Ad esempio, recenti analisi dei documenti giudiziari hanno fornito informazioni più dettagliate sulle persone coinvolte nei processi, sulle loro testimonianze e sulle prove presentate.

Queste scoperte hanno permesso agli storici di costruire una comprensione più completa e sfumata degli eventi.

La ricerca forense ha avuto un ruolo anche negli studi recenti sui processi alle streghe di Salem. I progressi nelle tecniche forensi, come l'analisi dei resti umani storici e dei materiali del periodo, hanno fornito nuove informazioni sulle condizioni fisiche e sociali dell'epoca. Ad esempio, gli studi sui luoghi di sepoltura e sulle lapidi hanno contribuito a identificare i luoghi in cui furono sepolti alcuni degli imputati, offrendo un collegamento più tangibile con le persone che soffrirono a causa dei processi.

Ricerche recenti hanno anche esplorato il contesto sociale e culturale più ampio dei processi alle streghe di Salem. Gli studiosi hanno esaminato i fattori economici, politici e religiosi che hanno contribuito all'isteria, nonché il ruolo delle dinamiche locali e regionali. Questa ricerca ha evidenziato la complessa interazione di fattori che hanno portato ai processi e ha fornito una comprensione più sfumata delle cause e delle conseguenze degli eventi.

Oltre a questi progressi, recenti ricerche si sono concentrate sui modi in cui i processi alle streghe di Salem sono stati ricordati e interpretati nel tempo. Gli studiosi hanno esplorato come i processi sono stati rappresentati nella letteratura, nei film e nella cultura popolare e come queste rappresentazioni hanno influenzato la percezione pubblica degli eventi. Questa ricerca ha contribuito a una comprensione più profonda dell'eredità dei processi alle streghe di Salem e della loro continua rilevanza nelle discussioni contemporanee su giustizia, paura e persecuzione.

Il ruolo degli storici e degli educatori

Gli storici e gli educatori svolgono un ruolo cruciale nel plasmare la nostra comprensione dei processi alle streghe di Salem e nel garantire che le lezioni tratte da quegli eventi siano efficacemente comunicate al pubblico. Il loro lavoro prevede la ricerca, l'interpretazione e l'insegnamento sui processi, e i loro contributi sono essenziali per preservare la memoria storica degli eventi e promuovere discussioni informate sul loro significato.

Gli storici sono responsabili di condurre ricerche, analizzare fonti primarie e interpretare le prove storiche relative ai processi alle streghe di Salem. Il loro lavoro prevede l'esame di un'ampia gamma di materiali, tra cui documenti giudiziari, lettere personali e resoconti contemporanei, per costruire una comprensione completa e accurata dei processi. Gli storici contribuiscono anche alla discussione accademica dei processi pubblicando i risultati della ricerca, partecipando a conferenze accademiche e interagendo con altri studiosi del settore. La loro ricerca aiuta a garantire che la nostra comprensione degli studi sia basata su analisi e prove rigorose.

Gli educatori, compresi insegnanti e professionisti dei musei, svolgono un ruolo chiave nel portare la storia dei processi alle streghe di Salem a un pubblico più ampio. Sviluppano materiali didattici, conducono lezioni e presentazioni e creano mostre che aiutano gli studenti e il pubblico a conoscere i processi e il loro significato. Gli educatori lavorano spesso in collaborazione con gli storici per garantire che le informazioni presentate siano accurate e coinvolgenti. Utilizzano anche vari metodi di insegnamento, come rievocazioni storiche, mostre interattive e presentazioni multimediali, per rendere la storia dei processi accessibile e significativa a un pubblico diversificato.

Il lavoro di storici ed educatori è essenziale per promuovere la consapevolezza storica e favorire il dibattito sulle lezioni apprese dai processi alle streghe di Salem. Fornendo interpretazioni accurate e approfondite degli eventi, aiutano a garantire che i processi siano ricordati come un episodio storico significativo con implicazioni durature per la giustizia e il comportamento sociale. I loro sforzi contribuiscono anche al dibattito in corso sui pericoli dell'isteria di massa, dell'estremismo e dell'intolleranza, e sull'importanza di salvaguardare i diritti individuali e il giusto processo.

Oltre al loro ruolo nella ricerca e nell'istruzione, storici ed educatori contribuiscono anche al discorso pubblico sui processi alle streghe di Salem attraverso varie forme di sensibilizzazione e coinvolgimento. Possono partecipare a conferenze pubbliche, scrivere articoli per pubblicazioni popolari e interagire con i media per aumentare la consapevolezza sugli studi e sulla loro rilevanza. Il loro lavoro aiuta a garantire che le lezioni apprese dai processi alle streghe di Salem continuino a informare le discussioni contemporanee su giustizia, paura e dinamiche sociali.

IL FASCINO CONTINUO

La caccia alle streghe nel contesto contemporaneo

I processi alle streghe di Salem non sono semplicemente una curiosità storica ma hanno sorprendenti paralleli nella società contemporanea, dove la "caccia alle streghe" continua a manifestarsi in varie forme. Sebbene la persecuzione letterale delle presunte streghe non sia più prevalente, il concetto metaforico di caccia alle streghe, caratterizzato dalla persecuzione e persecuzione di individui sulla base di accuse spesso infondate, rimane rilevante.

Nei contesti moderni, il termine "caccia alle streghe" viene spesso utilizzato per descrivere situazioni in cui individui o gruppi vengono presi di mira sulla base di sospetti, accuse o paure piuttosto che su prove concrete. Queste cacce alle streghe contemporanee spesso emergono in arene politiche, sociali o culturali, dove le accuse possono essere guidate da paura, pregiudizi o programmi personali. Ad esempio, durante periodi di sconvolgimenti politici o disordini sociali, si sono verificati numerosi casi in cui individui o gruppi sono stati ingiustamente accusati e perseguitati, riecheggiando le dinamiche dei processi di Salem.

Un esempio importante di moderna caccia alle streghe è il fenomeno del panico morale, in cui le paure sociali su determinati comportamenti o gruppi portano ad accuse e indagini diffuse. Si possono tracciare parallelismi storici con la Paura Rossa degli anni '50 negli Stati Uniti, dove la paura del comunismo portò ad accuse diffuse e all'inserimento in liste nere di individui sospettati di essere simpatizzanti comunisti. Allo stesso modo, il panico morale contemporaneo su questioni come l'uso di droga, il terrorismo o la cattiva condotta sessuale può portare a una forma di isteria collettiva, in cui vengono mosse accuse e intraprese azioni basate sulla paura e sul sospetto piuttosto che su prove oggettive.

I social media hanno amplificato le dinamiche della moderna caccia alle streghe, fornendo una piattaforma per la rapida diffusione delle accuse e creando camere di risonanza in cui paure e pregiudizi possono diffondersi rapidamente. Le molestie online, il cyberbullismo e la natura virale delle false accuse hanno contribuito a creare un ambiente contemporaneo in cui gli individui possono essere presi di mira e perseguitati in modi che ricordano la storica caccia alle streghe. La velocità e la portata della comunicazione digitale fanno sì che le accuse possano aumentare rapidamente e portare a conseguenze reali per gli accusati.

Un altro fattore significativo nella moderna caccia alle streghe è il ruolo delle figure autoritarie e delle istituzioni nel perpetuare o affrontare questi fenomeni. Proprio come i leader religiosi e politici hanno svolto un ruolo fondamentale nei processi alle streghe di Salem, i leader e le istituzioni contemporanei possono influenzare il corso della moderna caccia alle streghe. Il loro coinvolgimento può esacerbare la situazione avallando o legittimando le accuse, oppure contribuire a mitigarle e affrontarle promuovendo un giusto processo e indagini basate sull'evidenza.

Comprendere la caccia alle streghe contemporanea richiede una consapevolezza delle dinamiche psicologiche e sociali che guidano questi fenomeni. Similmente ai processi alle streghe di Salem, la moderna caccia alle streghe spesso comporta una combinazione di paura, pregiudizio e influenza di figure autoritarie. Esaminando queste dinamiche e traendo lezioni da esempi storici, le società possono affrontare e prevenire meglio gli impatti negativi della moderna caccia alle streghe.

Perché i processi alle streghe di Salem rimangono nella memoria pubblica

Il fascino duraturo esercitato dai processi alle streghe di Salem può essere attribuito a diversi fattori che rendono gli eventi avvincenti e istruttivi per il pubblico contemporaneo. I processi hanno catturato l'immaginazione di storici, scrittori e pubblico per la loro narrativa drammatica, le loro dimensioni morali e psicologiche e le loro implicazioni più ampie per la comprensione del comportamento umano e delle dinamiche sociali.

Uno dei motivi dell'impatto duraturo dei processi è la loro natura drammatica e tragica. I processi alle streghe di Salem rappresentano una potente storia di paura e irrazionalità che porta alla persecuzione di individui innocenti. I vividi resoconti di accuse, processi ed esecuzioni creano una narrazione avvincente e inquietante allo stesso tempo. Questa qualità drammatica ha reso i processi un argomento avvincente per l'analisi storica, la letteratura e le rappresentazioni dei media. La combinazione di paura, dramma e tragedia dei processi continua a risuonare nel pubblico e mantiene il loro posto nella memoria pubblica.

Anche le dimensioni morali e psicologiche dei processi alle streghe di Salem contribuiscono al loro significato duraturo. I processi servono come ammonimento sui pericoli dell'isteria di massa, dell'estremismo e dell'intolleranza. Evidenziano come la paura e il pregiudizio possano portare all'erosione della giustizia e alla persecuzione di individui innocenti. Questa lezione morale è rilevante in diversi periodi storici e contesti culturali, rendendo i processi un potente simbolo delle conseguenze dell'irrazionalità e dell'ingiustizia. La rilevanza duratura dei processi come lezione morale e psicologica garantisce la loro continua presenza nelle discussioni pubbliche e nelle rappresentazioni culturali.

Un altro fattore che contribuisce all'impatto duraturo degli studi sono le loro implicazioni più ampie per la comprensione del comportamento umano e delle dinamiche sociali. I processi alle streghe di Salem forniscono preziose informazioni sulla complessità del comportamento sociale, sul ruolo dell'autorità e sulle dinamiche della paura collettiva. Offrono lezioni sui modi in cui i fattori sociali e psicologici possono guidare eventi storici e modellare il comportamento umano. Questa più ampia applicabilità delle lezioni tratte dai processi li rende un punto di riferimento utile e duraturo per comprendere fenomeni simili in altri contesti storici e contemporanei.

Anche la rappresentazione dei processi nella letteratura, nel cinema e nella cultura popolare ha svolto un ruolo significativo nella loro continua presenza nella memoria pubblica. Numerose opere di narrativa, drammatiche e cinematografiche hanno esplorato i processi alle streghe di Salem, spesso utilizzandoli come metafora di questioni contemporanee o come un modo per affrontare temi storici. Queste rappresentazioni culturali hanno contribuito al fascino duraturo dei processi e hanno contribuito a mantenere viva la loro storia nella coscienza pubblica.

Infine, i processi alle streghe di Salem sono diventati una parte significativa della memoria storica e dell'educazione pubblica. Musei, siti storici e programmi educativi dedicati alle sperimentazioni offrono alle persone l'opportunità di conoscere gli eventi e il loro significato. Questi sforzi per preservare e interpretare la storia dei processi assicurano che le lezioni e l'eredità

dei processi alle streghe di Salem continuino
a essere comunicate alle nuove generazioni.

CONCLUSIONE

I processi alle streghe di Salem, un capitolo oscuro della storia americana, hanno lasciato un segno indelebile nella coscienza collettiva della nostra società. Questi processi, guidati dalla paura, dalla superstizione e da una complessa rete di tensioni sociali, economiche e politiche, hanno portato alla tragica persecuzione di molte persone innocenti. I processi servono come un toccante promemoria delle potenziali conseguenze quando la ragione e la giustizia sono oscurate dall'isteria e dal pregiudizio.

L'impatto dei processi alle streghe di Salem va ben oltre la sofferenza immediata e la morte degli accusati. Hanno influenzato profondamente il sistema legale americano, contribuendo allo sviluppo di tutele legali come il diritto a un giusto processo, la presunzione di innocenza e la necessità di prove concrete per la condanna. I processi hanno evidenziato i pericoli delle prove spettrali – testimonianze basate su sogni e visioni – che hanno svolto un ruolo significativo nelle condanne. Il rifiuto delle prove spettrali all'indomani dei processi segna un passo importante verso un processo giudiziario più razionale e basato sull'evidenza.

Le conseguenze culturali e sociali dei processi sono altrettanto significative. Hanno rivelato paure e pregiudizi profondamente radicati all'interno della comunità e hanno illustrato quanto rapidamente queste paure potrebbero degenerare in violenza e persecuzione. I processi hanno messo in luce le vulnerabilità della natura umana e la suscettibilità a diventare un capro espiatorio in tempi di crisi. Queste intuizioni sulle dinamiche psicologiche e sociali della paura e della persecuzione sono cruciali per comprendere fenomeni simili in altri contesti storici e contemporanei.

La letteratura, il cinema e la cultura popolare hanno fatto sì che la storia dei processi alle streghe di Salem continuasse a essere raccontata e raccontata. Da "The Crucible" di Arthur Miller, che tracciava parallelismi tra i processi alle streghe e l'era McCarthy, a vari film e documentari, i processi sono stati rappresentati in modi che hanno risonanza con il pubblico contemporaneo. Queste rappresentazioni culturali hanno mantenuto viva e attuale la memoria dei processi, rafforzando le loro lezioni e assicurando che le nuove generazioni continuino a impegnarsi con questo importante episodio storico.

Memoriali e siti storici a Salem e nelle aree circostanti servono come promemoria tangibile dei processi e del loro impatto. Questi siti offrono opportunità di riflessione e formazione, aiutando i visitatori a comprendere il costo umano dei processi e il contesto storico più ampio in cui si sono verificati. Svolgono un ruolo fondamentale nel preservare la memoria dei processi e promuovere la consapevolezza storica.

I processi alle streghe di Salem rappresentano anche un potente caso di studio per comprendere l'isteria di massa e i pericoli dell'estremismo e dell'intolleranza. Illustrano come la paura possa essere manipolata e amplificata, portando a comportamenti irrazionali e a persecuzioni ingiuste. Esaminando i processi, otteniamo preziose informazioni sui meccanismi dell'isteria di massa e sui modi in cui le società possono proteggersi da tali fenomeni. Queste lezioni sono particolarmente rilevanti nel mondo di oggi, dove la comunicazione rapida e i social media possono diffondere rapidamente paura e disinformazione.

I processi sottolineano l'importanza del pensiero critico, dello scetticismo e della protezione dei diritti individuali. Ci ricordano che la giustizia deve fondarsi sulla ragione e sull'evidenza, non sulla paura e sul pregiudizio. I processi evidenziano anche l'importanza della consapevolezza storica nel prevenire la ripetizione degli errori del passato. Imparando dalla storia, possiamo affrontare meglio le sfide del presente e del futuro.

L'importanza della consapevolezza storica

La consapevolezza storica è fondamentale per comprendere il presente e plasmare il futuro. I processi alle streghe di Salem offrono un esempio convincente di come gli eventi storici possano fornire lezioni preziose per la società contemporanea. Studiando i processi, acquisiamo informazioni sulle dinamiche della paura, del pregiudizio e della persecuzione e apprendiamo l'importanza di salvaguardare i diritti individuali e garantire la giustizia.

Comprendere la storia ci aiuta a riconoscere modelli e parallelismi tra eventi passati e presenti. I processi alle streghe di Salem, con la loro combinazione di paura, isteria e persecuzione, hanno chiari paralleli nei tempi moderni. Dalla caccia alle streghe politiche e dal panico morale alla diffusione della disinformazione sui social media, le dinamiche osservate durante i processi alle streghe di Salem sono ancora attuali. La consapevolezza storica ci consente di identificare questi modelli e di rispondere ad essi in modo più efficace, promuovendo una società più giusta e razionale.

La consapevolezza storica favorisce anche l'empatia e una comprensione più profonda dell'esperienza umana. Le storie delle persone coinvolte nei processi alle streghe di Salem – sia degli accusati che degli accusatori – ci ricordano la complessità del comportamento umano e l'impatto dei fattori sociali e psicologici. Esaminando queste storie, sviluppiamo un maggiore apprezzamento per le lotte e la resilienza di coloro che hanno vissuto le prove e otteniamo una comprensione più sfumata della condizione umana.

Inoltre, la consapevolezza storica aiuta a contrastare le distorsioni e le semplificazioni eccessive che possono derivare da una mancanza di conoscenza. Nel caso dei processi alle streghe di Salem, la cultura popolare ha talvolta romanticizzato o sensazionalizzato gli eventi, portando a idee sbagliate sulle loro cause e sul loro significato. Una comprensione approfondita del contesto storico e della complessità dei processi aiuta a correggere queste idee sbagliate e promuove una prospettiva più accurata e informata.

Educatori e storici svolgono un ruolo fondamentale nel promuovere la consapevolezza storica. Attraverso la ricerca, l'insegnamento e il coinvolgimento del pubblico, aiutano a garantire che le lezioni della storia vengano comunicate e ricordate. Il loro lavoro fornisce una base per discussioni informate e processi decisionali, contribuendo a una società più consapevole e riflessiva.

In conclusione, i processi alle streghe di Salem rimangono un simbolo potente e duraturo dei pericoli dell'isteria, del pregiudizio e dell'ingiustizia. Il loro impatto sul sistema legale americano, le loro conseguenze culturali e sociali e la loro rappresentazione nella letteratura e nella cultura popolare assicurano che continuino ad essere rilevanti e istruttivi. I processi servono a ricordare l'importanza del pensiero critico, dello scetticismo e della protezione dei diritti individuali. Evidenziano il valore della consapevolezza storica nel comprendere il presente e nel plasmare il futuro. Imparando dalle lezioni dei processi alle streghe di Salem, possiamo lavorare verso una società più giusta, razionale ed empatica.

APPENDICI

Cronologia degli eventi

I processi alle streghe di Salem si svolsero in un arco di circa 16 mesi, dalla fine del 1691 alla metà del 1693. Di seguito è riportata una sequenza temporale che cattura i momenti chiave di questo periodo turbolento:

Fine 1691: Un gruppo di giovani ragazze nel villaggio di Salem, tra cui Betty Parris e Abigail Williams, inizia a mostrare strani comportamenti, inclusi attacchi e convulsioni. Il medico locale, il dottor William Griggs, diagnostica che sono affetti da stregoneria.

Febbraio 1692: Le prime tre donne accusate di stregoneria - Tituba, Sarah Good e Sarah Osborne - vengono arrestate ed esaminate.

Tituba confessa la stregoneria, sostenendo che lei e altri agiscono per conto del diavolo.

Marzo 1692: Le accuse si diffusero rapidamente, raggiungendo membri di spicco della comunità, tra cui Martha Corey e Rebecca Nurse.

Aprile 1692: Il vicegovernatore Thomas Danforth e altri magistrati iniziano a presiedere le udienze. Le accuse continuano ad aumentare, portando ad un'impennata degli arresti.

Maggio 1692: Il governatore William Phips istituisce la Corte di Oyer e Terminer per gestire il crescente numero di casi di stregoneria. La corte è presieduta dal presidente della Corte Suprema William Stoughton.

Giugno 1692: Bridget Bishop è la prima persona processata e giustiziata per stregoneria. La sua morte segna l'inizio di una serie di esecuzioni.

Luglio 1692: Rebecca Nurse, un membro rispettato della comunità, viene impiccata, provocando un crescente disagio riguardo alla validità dei processi.

Settembre 1692: Giles Corey, che ha rifiutato di dichiararsi colpevole o non colpevole, viene pressato a morte con pesanti pietre. Questa punizione brutale evidenzia l'estremo limite dei processi.

Ottobre 1692: La crescente opposizione ai processi, anche da parte di un clero influente come Aumenta Mather, porta il governatore Phips a sciogliere la Corte di Oyer e Terminer.

Gennaio 1693: La nuova Corte Superiore di Giustizia inizia a esaminare i casi rimanenti, con una maggiore enfasi sulle corrette procedure legali e sul rifiuto delle prove spettrali.

Maggio 1693: Il governatore Phips grazia coloro che sono ancora imprigionati con l'accusa di stregoneria, ponendo di fatto fine ai processi.

Schizzi biografici di figure chiave

Reverendo Samuel Parris: Il ministro del villaggio di Salem, Parris, ha svolto un ruolo centrale nelle prime fasi dei processi alle streghe. Sua figlia Betty e la nipote Abigail Williams furono tra le prime a mostrare sintomi di presunta stregoneria. La leadership severa e controversa di Parris contribuì all'escalation dell'isteria.

Mancia: Una donna schiava della famiglia Parris, Tituba fu una delle prime ad essere accusata di stregoneria. La sua confessione, probabilmente resa sotto costrizione, includeva vivide descrizioni di rituali satanici e coinvolgeva altri nel villaggio, alimentando il panico.

Rebecca Infermiera: Una donna anziana molto rispettata, l'infermiera è stata una delle vittime più scioccanti e tragiche dei processi. Nonostante l'ampio sostegno e l'iniziale assoluzione, alla fine fu giudicata colpevole e giustiziata, evidenziando l'irrazionalità e l'ingiustizia dei processi.

Giudice Samuel Sewall: Uno dei giudici della Corte di Oyer e Terminer, Sewall in seguito espresse profondo rimorso per il suo ruolo nei processi. Nel 1697 si scusò pubblicamente, segnando un passo importante verso il riconoscimento degli errori commessi durante i processi.

Madre di cotone: Ministro di spicco, Mather inizialmente sostenne i processi e l'uso di prove spettrali, ma in seguito moderò la sua posizione man mano che l'isteria cresceva. I suoi scritti e la sua influenza hanno avuto un impatto duraturo sulla percezione pubblica dei processi.

Governatore William Phips: Phips istituì la Corte di Oyer e Terminer e in seguito svolse un ruolo cruciale nel porre fine ai processi sciogliendo la corte e istituendo un nuovo approccio giudiziario. Le sue azioni furono determinanti nel porre fine all'isteria.

Glossario di termini

(Include termini generali non utilizzati nel libro)

Afflitto: Si riferisce a individui, principalmente ragazze, che hanno mostrato sintomi di stregoneria, come attacchi, convulsioni e comportamenti bizzarri.

Proiezione Astrale: La convinzione che lo spirito di una persona possa lasciare il proprio corpo e viaggiare in luoghi diversi, spesso citata come prova contro le streghe accusate.

tormentato: Termine usato per descrivere qualcuno che si ritiene sia posseduto o tormentato dal diavolo o da spiriti maligni.

Magia nera: L'uso di poteri soprannaturali per scopi malvagi ed egoistici, spesso associati alla stregoneria.

Raduno: Gruppo o assemblea di streghe che si riuniscono per praticare la stregoneria ed eseguire rituali.

Dannazione: Einterno punizione all'inferno, un destino spesso attribuito a coloro che sono accusati di stregoneria nella teologia puritana.

Il libro del diavolo: Un libro mitico in cui sarebbero stati scritti i nomi di coloro che fecero un patto con il diavolo.

Diabolismo:Culto o rapporto con il diavolo, spesso usato per descrivere le pratiche e i rituali associati alla stregoneria.

Divinazione: La pratica di cercare la conoscenza del futuro o dell'ignoto con mezzi soprannaturali, considerata una forma di stregoneria.

Scomunica: L'atto di escludere ufficialmente qualcuno dalla partecipazione ai sacramenti e ai servizi della Chiesa cristiana, spesso usato come punizione per le streghe accusate.

Familiare: Entità soprannaturale, spesso sotto forma di animale, che assiste le streghe nelle loro pratiche magiche.

Bene: Un termine di indirizzo per donne sposate, abbreviazione di "Goodwife", comunemente usato nel New England coloniale.

Eretico: Persona che ha convinzioni contrarie alle dottrine stabilite dalla chiesa, spesso accusata di stregoneria.

Inquisizione: Una procedura giudiziaria e un'istituzione istituita dalla Chiesa cattolica per combattere l'eresia e la stregoneria.

Stregoneria: Magia o stregoneria dannosa, generalmente utilizzata per causare lesioni o morte ad altri.

Braccio oscillante: Un trattato sulla stregoneria, spesso definito "Il martello delle streghe", scritto da Heinrich Kramer e Jacob Sprenger, che divenne una guida per identificare e perseguire le streghe.

Oyer e Terminer: Un tribunale speciale istituito per ascoltare e decidere i casi di stregoneria. Fu sciolto nell'ottobre 1692 a causa della crescente opposizione e delle preoccupazioni sulle sue procedure.

Patto con il diavolo: Un accordo tra una persona e il diavolo, in cui la persona scambia la propria anima con poteri magici o altri benefici.

Fungo: Una piccola figura o bambola usata nella stregoneria per rappresentare una persona, spesso usata negli incantesimi per causare danni all'individuo che rappresenta.

Premendo: Una forma di tortura utilizzata per costringere l'imputato a dichiararsi. Giles Corey, che si rifiutò di presentare una dichiarazione, fu schiacciato a morte con pesanti pietre.

Puritanesimo: Il movimento di riforma religiosa sorto all'interno della Chiesa d'Inghilterra alla fine del XVI secolo

Prove spettrali: Testimonianza basata su visioni o sogni in cui l'imputato appariva al testimone, utilizzata come prova durante i processi nonostante la sua natura controversa.

Torta della strega: Una forma di contromagia usata per identificare le streghe, fatta con farina di segale e urina degli afflitti e data in pasto a un cane. Si credeva che il comportamento del cane rivelasse la strega.

Documenti di origine primaria

Esame di Tituba: Una trascrizione della confessione di Tituba fornisce informazioni sulla natura delle accuse e sulle pressioni subite dall'imputato.

Sermoni di Cotton Mather: Selezioni dai sermoni e dagli scritti di Mather, che riflettono le sue opinioni in evoluzione sui processi e sulla stregoneria.

Petizione degli abitanti di Andover: Un documento dei residenti di Andover, che protestano contro le accuse e gli arresti nella loro comunità, illustrando la crescente resistenza ai processi.

Scuse del giudice Samuel Sewall: Le scuse pubbliche di Sewall, che esprime rimorso per il suo ruolo nei processi, sono un documento storico significativo che dimostra l'inizio del riconoscimento pubblico delle ingiustizie dei processi.